孩子的成长，父母的修行

戴东 —— 著

中国传媒大学出版社

图书在版编目（CIP）数据

孩子的成长，父母的修行 / 戴东著. -- 北京：中国传媒大学出版社，2024.3
ISBN 978-7-5657-3618-6

Ⅰ.①孩… Ⅱ.①戴… Ⅲ.①家庭教育 Ⅳ.①G78

中国国家版本馆CIP数据核字（2024）第030662号

孩子的成长，父母的修行
HAIZI DE CHENGZHANG, FUMU DE XIUXING

著　　者	戴　东
责任编辑	曾婧娴
特约编辑	胡　波　李淼淼
封面设计	济南新艺书文化
责任印制	李志鹏

出版发行　中国传媒大学出版社

社　　址	北京市朝阳区定福庄东街1号	邮　编	100024
电　　话	86-10-65450532　65450528	传　真	65779405
网　　址	http://cucp.cuc.edu.cn		
经　　销	全国新华书店		
印　　刷	涿州市京南印刷厂		
开　　本	787mm×1092mm　1/16		
印　　张	14		
字　　数	153千字		
版　　次	2024年3月第1版		
印　　次	2024年3月第1次印刷		
书　　号	ISBN 978-7-5657-3618-6/G·3618	定　价	58.00元

本社法律顾问：北京嘉润律师事务所　郭建平

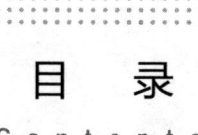

目 录
Contents

第1章　让家庭教育回归家庭

- 003　初心决定终点，态度决定收获
- 006　家长是孩子最重要的老师
- 010　持续学习是为人父母者的人生必修课

第2章　根基稳固，人生才会幸福

- 015　家长需要帮助孩子树立正确的"根"
- 019　君子务本，本立而道生
- 022　立志是培养孩子的第一等事

第3章　引领孩子突破成长天花板

- 035　明白为谁奋斗，才能活得更好
- 038　学习教育，做懂得家庭教育的家长

第4章　系统：高维度能量助力成长

- 043　系统的维度越高，能量越大
- 046　家庭教育讲究系统的力量
- 050　为系统服务的动力决定了你的能力
- 054　依靠系统的力量，才能成就一生
- 057　懂得感恩和付出，才能获得系统的支持

第5章　身份：适宜的定位激发斗志

- 063　是谁不重要，成为谁才重要
- 071　明确了身份定位，才有心为之奋斗
- 075　家长每时每刻都在给孩子身份定位

第6章　信念：坚定的信心促成改变

- 083　心里怎么想，生命怎么长
- 089　要做好家庭教育，先建立家庭教育的自信

.... 目 录

091 重塑信念系统，才能成长提升

097 父母是孩子的老师，孩子也是父母的老师

第7章 能力：良好的习惯养成多元能力

103 要想拥有能力，先要建立习惯

106 家长要有养成教育意识

第8章 行为：鼓励和肯定强化好行为

111 了解了动机，才可能改变行为

115 多表扬优点，少批评缺点

第9章 环境：最好的环境推动人生跃迁

119 家庭环境对孩子的成长至关重要

122 家长的思维习惯和教育理念造就了家庭环境

附录 教育子女问题解答会

127 问题1：为什么孩子突然不愿上学了

129 问题2：孩子的学习心态不好，怎么办

131	问题3：为什么孩子考试前总会生病
133	问题4：孩子厌学，家长该怎么引导
134	问题5：孩子不自信，没有学习目标，家长该如何引导
136	问题6：孩子不学习，也不听劝，家长该怎么做
138	问题7：孩子只为家长学习，该如何鼓励他立志
140	问题8：孩子目标不明确，如何引导
141	问题9：孩子连高中都没考上，怎么办
143	问题10：孩子都考上大学了，却想退学，怎么办
145	问题11：孩子不适应学校的环境，是不是换一个学校就好了
148	问题12：孩子在学校表现不好，该怎么帮他
150	问题13：孩子在学校总受同桌影响，怎么办
152	问题14：孩子为什么不敢和老师、家长交流
154	问题15：孩子总爱打人，怎么教育
156	问题16：怎么让两个孩子和睦相处
158	问题17：怎么让孩子远离校园暴力
161	问题18：怎样引导孩子对错题做总结
163	问题19：孩子的小缺点特别多，该怎么让他改正
164	问题20：怎样让孩子做事认真起来
166	问题21：孩子做事磨蹭，怎么引导
168	问题22：孩子不爱参与家务劳动，怎么引导
170	问题23：孩子丢三落四怎么办
172	问题24：怎样让孩子不为了奖励而自愿做事
174	问题25：孩子是过敏性体质，不让他吃零食，有错吗
176	问题26：为什么孩子越大越不独立了

目录

178　问题27：如何才能打开孩子的心门
180　问题28：我不知道如何和孩子沟通，该怎么做
182　问题29：孩子都初二了，教育他还来得及吗
185　问题30：我没办法引导孩子变好，怎么办
186　问题31：夫妻观念不一致时，该如何教育孩子
188　问题32：老人溺爱孩子，爸爸也不管，妈妈该怎么做
190　问题33：全职妈妈该怎样培养孩子
192　问题34：父子之间因为管教问题冷战，该怎么调节
194　问题35：对孩子管不行，不管也不行，该怎么把握尺度
196　问题36：单亲家庭的孩子如何健康成长
199　问题37：重组家庭中，如何管教对方的孩子
201　问题38：作为家庭教育指导师，我该如何解决别人的问题
202　问题39：家长学习、帮助别人，和孩子变好有什么关系
204　问题40：父母不优秀，孩子肯定不会优秀吗

207　**后记　身修家和，美丽中国**

第 1 章

让家庭教育回归家庭

你愿意成为什么样的家长,就会有什么样的家庭、什么样的孩子;你能够成为什么样的家长,是由你能做出什么样的改变决定的。

初心决定终点，态度决定收获

我一直想和各位聊一聊我做了近 20 年家庭教育的感悟，聊一聊我们家长关心的问题，聊一聊我们孩子的发展方向和未来。我还想和大家一起探讨，在当今的教育环境下，我们作为家长要何去何从？作为家庭教育工作者要何去何从？我们孩子的未来将何去何从？

如果作为教育者和领路人，我们都不知道孩子应该前行的方向在哪里，都不知道我们规划的方向对不对，而是按照自己错误的方式去教育孩子、要求孩子，结果一定是努力得越多、教育得越多，带给孩子的伤害越大。这就像我们辛辛苦苦地爬梯子，爬到顶端，却发现梯子搭错了墙，我相信这一定不是我们作为爸爸妈妈想要看到的结果。我也是一名父亲，深知父母们不管自己走错了多少路，受了多少苦，都能够自己承担，但是没有谁愿意给孩子指错路，耽误孩子的一生。因为我们真的爱孩子，只想把这世间最好的一切都给他们。

我们这一群人之所以要一起坐到屏幕前，或者聚在读书会里面，每周用两个小时左右的时间,去学习研讨如何爱孩子,是因为我们相信能坚持下来的人一定会有所收获:**一个人的初心决定了他的终点,一个人的态度决定了他的收获。**

我们必须清楚,在孩子成长的过程中,父母的一言一行都会对他们产生影响,所以有个词叫作"言传身教"。生活中,我们的每一句话、每一种行为、每一个信念,都在无形中影响着他们,教育着他们。我们自己做不到的很难教给孩子,我们自身不具备的也很难传递给孩子,父母的格局通常成为制约孩子人生的天花板。

如何能突破这个天花板?需要父母们不断地学习、改变和成长。在此之前,我们首先要了解为人父母的四个层次:

第一个层次的父母肯为孩子花钱。给孩子物质层面的满足,就是给孩子吃好的、喝好的、穿好的,给他们找最好的学校、最好的老师。很多父母都做到了这个层次,但是你必须清楚,这只是作为父母的最低层次。

第二个层次的父母肯为孩子花时间,能经常陪伴孩子,在他们的生命中做重要的参与者,给他们很多情感上的满足。也有不少父母做到了这一层。

第三个层次的父母肯为孩子学习。为什么父母也要学习?因为孩子的成长是有规律的,教育也是有规律的。孩子不是小白鼠,父母不能仅凭自己的主观经验来培养孩子,再小的孩子也是一个独立的个体,有自己的想法和情感,有自己相应的成长规律和阶段。在这一层次的父母，会为了孩子的成长去学习，他们在爱孩子的同时也尊重孩子，尊重孩子的成长意愿和发展规律，能在孩子的各个成长阶段给予相应的支持，他们会抓住孩子成长的每个关键期给孩子助力，有智慧地爱孩子。

第四个层次的父母，也就是最高层次的父母，肯为孩子去改变，也肯为自己的人生负责。因为他们知道教育源于一言一行的影响，父母才是孩子成长环境的塑造者，改变自己就能改变孩子的成长土壤。

此刻准备学习的家长，我们此时此刻的每一个行为和决定，都会改变我们的未来，改变孩子的未来。我在这里再次强调：我们当下的每一个行为和决定，都对我们的未来、孩子的未来有巨大的影响。所以，我真诚地赞美所有为孩子、为家庭而学习的家长，你们真的是太优秀了。

家长是孩子最重要的老师

这些年,绝大多数家长都在抓孩子的学习成绩和分数,却忽视了孩子品格的培养和心理的成长。

《大学》讲:"大学之道,在明明德,在亲民,在止于至善。知止而后有定;定而后能静;静而后能安;安而后能虑;虑而后能得。物有本末,事有终始。知所先后,则近道矣。"实则指出了古代教育的次第与本末。那么什么是今天教育的先后?什么又是教育的本末呢?

一个国家最小的单位是家庭,一个家庭最小的单位是人,而孩子又是家庭的明天和未来,这就是每个家长都望子成龙、盼女成凤,宁愿付出一切去成就孩子未来的根本原因。这个心是好的,可若家长不知主次,把教育的先后、本末都弄反了,只在树干和果实上下功夫,忽略了养护树根的重要性,就很难取得理想的效果。

家长为孩子找最好的学校、最好的老师,希望孩子学业有成,这些做法和想法无可厚非,但这并不是家长们不学习、不知止、不改变、不以身作则的理由和借口。

　　孩子有好的生活习惯，可能是家长日积月累的得当行为决定的；孩子积极主动，可能是家长平时做事时积极的言行态度决定的；孩子自尊自信，可能是家长正确的鼓励确认决定的；孩子有爱心、负责任，可能是家长对人对事的奉献、有担当决定的；孩子爱劳动，可能是家长在家庭生活中能放手，不替代孩子的成长决定的；孩子情商高、与人交流的能力强，可能是家长会为人处世、会待人接物决定的；孩子有很强的学习动力和学习兴趣，可能是家长正向的学习态度和学习目的决定的；孩子乐于助人、为人善良，可能是家长给予孩子正确的爱决定的……

　　家长对孩子潜移默化的影响太多了，但是不少家长忽视了这些，一味地重视孩子的成绩。在对孩子的人生更为重要的人格成长的教育上，却没有多少家长去过问、去学习、去下功夫。学校和家庭对学习成绩的过度关注就像两块磨盘，长期碾压着孩子的生命能量。在这样的成长环境下，孩子难保不会出现厌学甚至抑郁等倾向。

　　为什么不少家长觉得很难和孩子沟通、交心，看不到孩子的真实心理需求？就是因为家长们普遍焦虑，这种焦虑的情绪让我们忽视了教育的根本目的，关注不到孩子的人格健康教育。我们大把大把地花掉自己辛辛苦苦挣来的钱，给孩子买学区房，投资课外教育，但是这样的教育真的能培养出高质量人才吗？真的能让我们的孩子有美好的未来和快乐的人生吗？

的确，如今的大学生越来越多，可是放眼社会，精致的利己主义者也越来越多，心理出状况的孩子、亲子关系出状况的家庭也越来越多了。

很多家长还在掩耳盗铃，一心想着只要孩子撑过高考就没事了，最起码他考个好大学就有好未来。但是事实真是这样吗？其实家长们并不清楚一个规律：孩子没有在家里学会内生长，往往会终生活在一个狭窄的人格世界里。大学生"空心病"、"巨婴"、抑郁倾向激增、经营不好婚姻、亲情淡漠……这一切无不表明：单一的知识教育无法让孩子有良好发展，成为对社会有贡献的人才的，更难以让孩子拥有幸福一生的能力。

一个人是否能够拥有健康成熟的人格，取决于家庭教育是否健康。家庭教育的效果则取决于家长。家长自己的内在是荒芜的，就很难培养出一个内在充盈的孩子，因为他没有好的东西传递给孩子，他自己都做不到的事情很难要求孩子做到。可以这么说，你愿意成为什么样的家长，你就会有什么样的家庭、什么样的孩子；你能够成为什么样的家长，是由你能做出什么样的改变决定的。

我做家庭教育这么多年，亲眼见证无数家长、孩子好的转变，只有一类孩子的问题我是解决不了的——他们有不学习的家长。你会发现，这样的孩子，在我们的课程里好不容易调整过来了，有了点信心，一旦回到原来的环境，又被家长的负面确认推回去了。我们在解决问题，家长却在制造问题，孩子怎么能变好呢？**家长才是孩子的第一任**

老师，也是最重要的老师！

中华民族的伟大复兴，靠的绝对不是空有知识的精致利己主义者，而是有德行、有责任感、有爱心、有正能量、有家国情怀、懂付出的下一代。所以家长们要把格局打开，我们的教育不仅是在培养自己的孩子，更是在给国家培养人才。**我们要做的事，不是给孩子留下一个什么样的世界，而是要给这个世界留下什么样的孩子。**在这种情况下，我们比拼的不再只是学习成绩，更是家庭教育环境和家长的教育理念。

当今社会，孩子们能获得的外部教育资源几乎是公平的。什么将成为他们发展的分水岭呢？一定是内部资源——家庭教育。唯有高水平的家庭教育，才能够培养出懂感恩、有抱负、内心温暖强大的孩子。换言之，家庭教育对于孩子的未来发展意义重大。

孩子的成长，父母的修行

持续学习是为人父母者的人生必修课

21世纪，是中国崛起的时代。飞速发展的中国，机遇和风险并存。在这个快速、多变、充满危机的时代，应对的方式之一就是学习、改变和行动。在这个时代，到底应该如何培养孩子？这是家长们要认真思考的问题。

多数家长一味追求孩子的学习成绩，希望孩子能考个好大学，找份好工作，但是未来的工作可能是人们现在都想象不到的，甚至一些现有的工作都可能被人工智能替代。不要以为现在过得还不错，就代表以后也不会差。40年前，一个人要是会开车，就算有铁饭碗了；30年前，一个人要是会英语和计算机，绝对是人才；20年前，联通和移动公司仅在过年那一天，凭借一毛钱一条的短信就能赚40个亿。那么，现在呢？

出租车司机做梦也想不到，满大街的私家车都是他的竞争对手；联通和移动公司做梦也想不到，微信抢占了其大部分个人短信用户；

抢走胶卷相机大半江山的数码相机不曾想到,自己的一部分市场又被手机拿走了……所以,在未来真正能够把你淘汰的,有可能不是你的竞争对手,而是时代的发展和科技的进步。

你现在拥有的知识、技能、技术能够支撑你持续几年?15年?10年?还是3年?所以要居安思危啊!

每个人每天都是24小时,为什么人与人之间的差距会越来越大?请想一想,都是8个小时上班,8个小时睡觉,剩下的8个小时呢?一把游戏半个小时,你今天打了几把?一集电视剧45分钟,你今天看了几集?看看直播,刷刷抖音,又一个小时过去了,你有没有真正关注过对自我提升有帮助的东西?为什么有的人看似哪儿都不突出,涨薪水、升职的通常却是他?或许这就是原因所在。没有谁的能力和知识是一天学会的,都要靠长期的积累。每个人都要想想:自己的时间都用在了哪里?个人不成长会给家庭、给后代、给社会带来什么?很显然,如果**家长不成长,就会影响孩子**!所以,**持续学习是为人父母者人生的一堂必修课。**

那么,作为家长,我们学习的方向在哪里?我们又如何通过自身的学习去引领孩子的发展?请记住:我们不是要给孩子留下一个什么样的世界,而是要为这个世界留下什么样的孩子。

只有想明白了这个问题,我们才能清楚地知道教育的起点在哪里,终点又在哪里,从而做到站在起点去看终点,判断自己在教育孩子的道路上是否走了弯路,并在发现问题之后及时地、迅速地回到教育的正道上。

我们都希望孩子有所成就，幸福一生，但我们要知道，幸福是需要靠自己的努力才能获得的，它不是停留在我们的口头上，而是源于我们的实际行动。**要想获得幸福，我们必须跟上时代发展的脚步；要想不被时代淘汰，唯一方法就是学习。**家长们，准备好了吗？如果准备好了，我们就一起出发！家长学习一分，孩子就有可能成长十分，家长改变一分，孩子也就可能改变十分。

第 2 章

根基稳固，人生才会幸福

如果把孩子比作一棵树，学习成绩是树上的果实，树干是孩子的身体，那么树根就是孩子的自信心、自尊心、责任感、生活习惯、自我价值和进取能力等。

家长需要帮助孩子树立正确的"根"

最近几年,世界局势、社会情况发生了非常大的变化,国与国之间、人与社会之间、人与人之间都面临着更多的机遇,也存在着更多的挑战,家长如何培养孩子的能力,如何增强孩子适应未来社会的综合素质,都是我们作为家长要重点思考的。或者,我们到底要培养什么样的孩子?我们究竟要带孩子走向哪里?这些是非常重要的问题。

我问过很多人想要培养什么样的孩子,有的家长说"我要培养一个快乐的孩子",有的家长说"我要培养一个幸福的孩子",有的家长说"我要培养一个有高维度思想的孩子",有的家长说"我要培养一个活得精彩的孩子",有的家长说"我要培养一个健康的孩子"……

我紧接着提出第二个问题:如何能养出这样的孩子呢?可能有的家长在想:我让他吃最健康的食品,住学区房,上最好的学校,让他成绩好,将来考个好大学,找份好工作,能够出人头地……

那么,我又要问了:成绩好,孩子将来就能幸福快乐吗?考个好大学，孩子就能有远大的志向吗？找到一份好的工作，孩子就能成为受人尊敬的人吗？当然我这里不是说学习成绩不重要，我只是想请大家思考：成绩好真的是孩子幸福快乐的因吗？

....

  我遇到过几个辍学的孩子，他们的情况基本上都属于同一类，就是突然不想上学了。

  有一个孩子，本来学习还不错，成绩一直处于年级前三十名，但是一次假期结束后，他在学校开学时举行的摸底测试中，名次掉到了一百名之后。他受不了自己的成绩突然退步，感觉自己会被同学和老师瞧不起，就不上学了。

  有个女孩，成绩也很好，常常位居班级前五名。放假期间烫了头发，上学后被班主任批评了，班主任要求她把头发恢复原样，她又不想照做，结果脾气上来，不去上学了。

  还有一个已经上大学的孩子，考的大学还不错。因为和室友闹了几次矛盾，老师没有及时为其调宿舍，一气之下也不上学了。

....

  这几个家庭就像天塌下来了一样，父母都来找我寻求帮助。我告诉他们，不要完全把这当成坏事，虽然孩子表面上看很优秀，但他们在成长过程中存在一些积压已久的问题，

第 2 章
根基稳固，人生才会幸福

这些问题一直没得到及时、妥善的解决，才会导致孩子突然因为一些小事产生过激反应，即便孩子现在不出状况，以后也会出现状况。如果现在把这些问题解决了，以后基本上不会出现更大的问题了。

我常常说，**如果把孩子比作一棵树，学习成绩是树上的果实，树干是孩子的身体，那么树根就是孩子的自信心、自尊心、责任感、生活习惯、自我价值和进取能力等。**

换言之，如果这棵树的树根没有养好，孩子往往会变得没有爱心和责任感，不懂得付出，无法建立自我价值，不爱劳动，没有良好的生活习惯，遇事不够积极主动，也不太会与人沟通。这样的一棵树长得越高大、粗壮，果实越多，就越容易因为根基不稳在风雨中和灾难中倒下。相反，如果树根养好了，即便现在没有果实，这棵树仍然能良性成长，终有一天也会枝繁叶茂、硕果累累。

所以，家长如果真的爱孩子，就一定要为他考虑得长久和深远一些，这就是所谓的"父母之爱子，则为之计深远"。可能有的家长会说："我给孩子安排好了除工作以外的结婚的房子、车子，也为他人生中可能遇到的其他问题都做好了准备，这不就是为他考虑得很深远吗？"

真的是这样吗？请想一想，孩子终究会比我们活得更久，他的事业、婚姻、人际关系、以后的人生，在将来都可能是我们的手够不到的，或者根本是我们看不到的，如果因为我们曾经的帮助、替代，让他没有了生存的能力，那么我们能不能安心地闭上双眼，留下他自己去生存呢？我们是不能替代孩子一辈子的，这种替代其实是一种错误的爱。我们还要用这种错误的爱害孩子多久？

如果不知道培养孩子的方向，那么我们在培养孩子的过程中做出的绝大部分行为就会是错的。就像我们坐错了车，如果不及时换乘，是很难到达目的地的。坐错公交车，耽误了行程，我们还可以打车抢时间，但是孩子的人生只有一次，没有重来的机会。

为人父母，要怎样教育好孩子，让他过好这一生，是我们要思考、要学习、要反思的。帮助孩子树立正确的"根"，打好人生的根基，也是我们必须做到的。

君子务本，本立而道生

《论语》中有一句话："君子务本，本立而道生"。其字面意思就是，君子要潜心于根本的事物，只要确立了根本，那么做人的基本原则也就随之产生了。同样，家长培养孩子也要在根上养护，在教育的本源上下功夫。

什么叫"本"？我把这个"本"分为三个不同的层面，或者说三个不同的维度。

1. 本分

所谓本分，就是自己应该做好的事情。

如果我是老师，我的本分是什么？就是做我所讲，讲我所做。如果一个老师的所作所为跟所说所讲不一样，他是教不好学生的。孟子说"贤者以其昭昭，使人昭昭；今以其昏昏，使人昭昭"，什么意思？

就是教育者一定要先受教育,如果教育者本身的观念、做法都是错的,他又怎么能教育出优秀的孩子呢?一个人自己是清明的,他传递给别人的自然也是清明的东西;一个人自己都是昏沉的,他传递给别人的也一定是昏沉的东西。

如果我是职员,我的本分是什么?就是要把我的本职工作做好。没有做好本职工作,就要各种荣誉、各种待遇,这是不合理的。

如果我是家长,我的本分是什么?上一章就讲到,在孩子的成长过程中,有很多决定孩子未来的重要因素是学校和老师无法给予的。孩子的言行习惯、自尊自爱、人际交往、学习动力等,多源自家长的言传身教。家长对孩子潜移默化的影响实在是太多、太大了。

所以,亲爱的家长们,我们是孩子树根的养护人、灵魂的塑造者。我们只有真正明白了本分,才会对孩子的成长负起全部责任。

2. 本性

所谓本性,就是一个人内在的善与恶。一般来说,纯善的想法和信念会滋养着孩子们的生命,让孩子向好的方向发展;而恶的东西,如自私、妒忌、怀疑、傲慢、贪念等,会变成一颗颗毒瘤,慢慢毁掉孩子的一生。

作为家长,我们要明白,培养孩子的根本目的是让孩子的本性变得更好。其实我们这一生最终追求的无外乎两样法宝,一样叫智慧,一样叫福德，这就叫福慧双修，也可以称之为"资粮"。孩子要把仁、义、礼、智、信作为生活的目标以及行动的指南，在日常生活中要把戒贪、戒嗔、戒痴、戒慢、戒疑作为功课，不断修正自己，形成良好的世界观、人生观和价值观，生起智慧，利及他人，最终会成为福慧双修的孩子。

所以，从本性这个角度来说，家长要和孩子共同成长，为孩子提供好的环境、好的土壤，让孩子心中善的种子慢慢生根、发芽，最终硕果累累。

3. 本心

所谓本心，就是一个人看待外物的立场、出发点。每一个人的内心世界都是不同的，而内心世界不同，看到的现实世界、得出的结果也不同，人生也会处于不同层次。孩子会拥有精彩的人生，还是暗淡的人生，取决于其心之所向，取决于家长的教育方向。

所以，身为家长，我们不管是要求自己，还是引导孩子，都要以修好本心为方向。本心好了，才更容易获得好的结果。

立志是培养孩子的第一等事

我们创办艺博教育已经近 20 年了,其间一直在家庭教育领域深耕细作,做过上万场公益演讲、上千场培训,从而积累了大量家庭教研案例。我们从中总结出目前教育的三种模式:基础教育、素质教育和精英教育。

1. 基础教育

基础教育也可以称为学科教育,其目的是让孩子有在社会上生存的基础能力。关注基础教育的家长会把大部分的教育重心放在孩子的学习成绩上,凡事都以孩子的成绩作为标准。

我经常在各种课程上问孩子们:"你们学习是为了什么?""你们为什么要学习?"绝大多数孩子会回答:"是为了考上好的大学。"我又问:"那么你们考上好的大学又是为了什么?"孩子们会回答:"为了找一份好的工作。"我接着问:"找一份好的工作又为了什么?"孩子们会说:"为了将来有个好家庭,让我的孩子有好的学习条件。"

我不知道孩子们这样回答是不是受了他们家长的影响,但我总会给他们讲一个记者采访放羊娃的故事,并且让他们思考,他们现有的想法和故事中的放羊娃有什么区别呢?

记者问放羊娃:"你放羊是为了啥?"放羊娃回答:"羊吃草变得健壮,就会生更多的小羊。"

"生更多的小羊干吗?"

"放更多的羊,羊长大了就可以卖钱了。"

"卖了钱干吗?"

"卖钱后再娶媳妇,生娃。"

"生娃干吗?"

"让娃放羊。"

请家长们认真想一想,我们的孩子不也是如此吗?天天上学就为了考上一个好大学,考上一个好的大学就为了找一个好工作,或有一个铁饭碗,闹了半天,孩子为了一个好工作或一个铁饭碗在学习。但是现在的孩子大多不愁吃、不愁穿,他们感受不到生活的疾苦,又怎么会懂得这饭碗的意义呢？现在大部分的孩子都活在感受里，感受好就去上学；感受不好的时候——被老师批评了，和同学打架了，学习没兴趣了，成绩下降了，他们就不愿意学习了。这也是近年来越来越多的大学生毕不了业的原因——在大学几乎没人看着自己学了，而这些孩子的性格、情绪、人际交往等在其过往的成长中不断地积累着问题，终有一天问题集中爆发，导致他们的学业大受影响。

到底是为了考个好的大学，还是为了掌握学习能力？是为了工作赚钱，还是为了"为天地立心，为生民立命，为往圣继绝学，为万世开太平"？

如果孩子学习的动机和目的仅仅是考个好的大学，找一份相对稳定的工作，那么很多家长未来可能真的要为这些孩子捏一把汗了。思科公司总裁约翰·钱伯斯在一次新闻发布会上提到：2020年，全球将有1/3的工作以技术为核心；2030年，将有40%的行业不复存在；到了2040年，将有2/3的行业是我们现在闻所未闻的新兴行业。在这样一个快速、多变、充满危机的时代，孩子如果没有终身学习的能力，在未来就很有可能陷入各种生存危机中。

因此，**比起学习成绩，孩子是否有良好的学习能力、正确的学习习惯，以及良好的学习心态，显得更为重要。**

以前很长一段时期里，我们总是认为考不上大学就没有未来，可是，如果把人生比作一次长途旅行，孩子们都坐在同一辆列车上，考上清华北大的孩子最多就是坐上了这趟列车的软卧，考上普通一本院校的孩子坐的是这趟列车的硬卧，考上二本、三本院校的孩子坐的是硬座，没考上大学的孩子不过就是买了张站票。

当列车停靠在人生的下一站时，也就是孩子们毕业走向社会时，学习成绩的比拼也就结束了，人们不再过于关注孩子曾坐在这列列车的什么位置上。如果孩子的自信只建立在会读书、会考试的基础上，而没有责任感，不懂合作，不会付出，不够宽容，当他进入社会后，他的自信往往会因为不会处世、得不到人们的尊重而轰然崩塌。实际上，有责任、善合作、懂付出、够宽容是社会、企业更为看重的素质，这是需要家长们在生活中着重去培养的。

各位家长现在请再好好思考一下，**你到底要培养一个什么样的孩子？你究竟要带孩子走向哪里？** 当你站到更高维度看世界的时候，你看到的世界会更全面，你才能引领孩子走得更远。

2. 素质教育

在素质教育这个层面上，如果家长更加关注孩子品德的培养、能力的提升、人格和心理的健康，这样培养出来的孩子，通常对社会无害。

大家有没有发现，现在自私、自卑、有抑郁倾向的孩子越来越多了。很多孩子心里只有自己，没有别人，这都是家长过分溺爱，导致孩子变得没有责任心的结果。

一个自私的孩子，未来会怎么样？首先，他很难跟人合作，他的事业很难发展起来。其次，他的婚姻状况有可能不太好，会时不时跟伴侣发生冲突。最后，他能教出一个什么样的孩子呢？就算他本人是清华研究生、北大的博士后，也很有可能培养不出一个有爱心的孩子。

孩子自私的原因是什么？**其实孩子自私行为的根源，是他们根本没有把别人放在心上。**他们为什么不会把别人放在心上？因为在他们成长的过程中，其父母的一些行为让其感受到别人并不重要，自己的感受最重要。

也因此，我才会时常询问家长两个问题：你到底要培养一个什么样的孩子？你究竟要带孩子走向哪里？我相信一个有素养的人，他不仅会规范自己，还会帮助更多的人。孩子素养不好，我们需要反思一下这一切的根源是什么。我认为无外乎两个原因：第一，我们没有重视孩子的道德品质培养，没有注重孩子的性格情绪；第二，我们没有起到良好的示范作用。我们要清楚，**有德有才是精品，有德无才是正品，无德无才是废品，而有才无德是毒品。**如果孩子有才无德，那么他的建设能力有多强，他的破坏能力往往就有多强。

3. 精英教育

在我看来，精英教育就是关于心的教育。它的重点在于我们如何

第2章
根基稳固，人生才会幸福

培养孩子的本心，让孩子处于什么样的维度。

那些一心为自己有更多钱而学习的人，就算是清华北大毕业的，将来可能也就是为自己而奔忙；而那些为中华之崛起而读书的人，其人生通常会有更广阔的发展。这就是为什么这个世界上成功的人，往往是那些立志为改变世界和人类命运而努力的人。

> 托马斯·爱迪生的梦想是让世界亮起来。哪怕实验失败了一千多次，他也没放弃，最终发明了钨丝灯泡。
>
> 迪士尼乐园的目标是成为世界上最快乐的地方，他们的着眼点在于世界。

我们到底要培养一个自己能过得好的孩子，还是一个对国家和社会有所贡献的孩子？今天有太多的孩子不知道自己为什么学习、为了谁学习。学习的目的出了问题，他们又怎么会思考学什么、怎么学呢？这通常是孩子讨厌学习、辍学，一提到学习就头痛的原因之一，他们习惯了被家长看着、拽着学。当他们长大一点了，就有可能和家长对着干，甚至自我放弃。

孟子讲，"夫志，气之帅也"。**一个人的志向，决定着他成为什么样的人，决定着他会向什么样的人学习。**一个人知道自己是谁才能清晰地知道自己该做些什么。换言之，如果一个人连去往的方向都不知道，那么往往他去哪里都是错的，怎么去都是错的，甚至只能在原地徘徊。

在曾国藩看来，立志是培养孩子的第一等事。他认为人这一辈子如果没有志向，基本上就是一摊烂泥。烂泥是扶不上墙的，什么也做不成。

王阳明说，"志不立，天下无可成之事"。王阳明在 13 岁的时候，问他的老师什么是人生的第一等大事，老师回答：立功名，考取状元。他不屑，他认为人生第一等事应是成圣成贤。一个 13 岁的孩子，就把自己的终身目标定位为成圣成贤，他怎么会没有成就呢？

一个优秀的人，不一定是学习最好的人，但一定是有正义感、懂得承担和付出的人，也是有爱心的人。如果一个人自私冷漠，没有正义感，那么他眼中的世界也往往如此。一个人眼中的世界出了问题，通常是他的心出了问题。心出了问题的人，他的世界观、人生观、价值观又能好到哪里去呢？鸡在下蛋，也在排泄，有智慧的人在享受蛋，愚蠢的人在纠结排泄物。影响这个世界的不是世界本身，而是我们看待世界的角度。

如果我们的内心世界是美好的，我们会看到美好的外在世界，如果我们的内心世界是阴暗的，我们看到的外在世界也都是阴暗的。家长可以问问自己的孩子，他认为自己有没有正义感？如果看到不好的事，他愿不愿意去制止？或者他愿不愿意付出努力，促使事物呈现出美好的一面？如果答案是否定的，即便学习成绩很好，他这一生可能也没有什么价值。

不少家长总爱对比自家孩子和别的孩子的学习成绩，甚至有的家长不让自家孩子和学习不好的孩子玩。对此，我经常建议家长们，让自家的孩子去帮助学习不好的孩子。

> 我小时候学习就不太好，我母亲也不强求我的成绩，每次我要出去玩，她就会问我："你作业写完了吗？"我说写完了，她就会说："你去看看老张家孩子作业写完了没，如果没有，你去帮着他一块儿写，然后你俩一块儿去玩。"我说："他学得那么烂，什么都不会。"我母亲说："他不会才要去教他，你又会多少呢？"现在回想起来，我觉得我母亲特别有智慧。同学不会，我可能也不太会，但为了教会同学，我就得自己先学会。同理，他不够好，我想把他带好，我就得先变好。

如果你总是让你的孩子和比他更好的孩子一起玩，很有可能会让他感觉自己越来越不好。如果你不反对孩子和比他差一点的孩子去玩，没准儿他就会在帮助别人的过程中获得价值感和成就感，显现出领导力，获得更大的进步。

现代社会，很多人都盯着不好的事情，他们的内心已经不知道什么是好的了。在生活中，如果我们遇到了不好的现象，这恰恰是我们教育孩子的好时机，请告诉他们：这个世界有太多的不美好，我们有责任去改善这个社会，让这个社会温暖一点点，正义一点点，美好一点点。

讲完上面这些，家长们应该也清楚了，孩子与孩子之间的区别在哪里呢？就在于他的那颗心。如果他能够志存高远，有了责任心，就有了养成各种能力的基础，那么将来他的人生多半会精彩无限。这就是上一节"君子务本，本立而道生"的"本"。实际上，我们每个人都有自己的本分，都有自己的本性，也有自己的本心。如果我们教育一个孩子，能够在本分、本性及本心上下功夫，相信孩子有很大可能成为栋梁之材。而作为家长，你的本分、本性及本心也在培养孩子的过程中慢慢地被塑造了起来。

亲爱的家长，这一章只是一个开始，后面我们还有一系列针对孩子精彩人生的系统课程，你做好准备了吗？你准备培养一个什么样的孩子？你打算带孩子走向哪里？你的选择是什么？如果你想为这个社会、这个国家培养未来的力量，又恰好与我们同路，目标一致，那就让我们一起出发。我做导游，带你去看看这些年我们做家庭教育的过程中所看到的一切，哪些是家长们走过的坑，哪些是家长们走过的康庄大道。有桥便不需要蹚河,只要你不离,我们便不弃。

让我们陪同你和孩子一起成长,一起解决当下的问题,一起带动更多的家庭变得更加幸福。这是一件有利于个人和社会的好事,一件老了都不会后悔的事,也是一件可以自豪地跟我们的后代笑谈的事。

第 3 章

引领孩子突破成长天花板

当你的维度和能量提升了,很多问题都将不是问题,会自然而然地被化解掉。

明白为谁奋斗，才能活得更好

你因谁而存在？你为谁而存在？你为谁而奋斗？人只有想明白这三个问题，才有可能活好过好，才有可能老了以后不会后悔。我们常常说，人这一生只有一次机会，人生可悲的是不能重来，可喜的是可以重建。希望大家看完下面的内容，可以重新审视生命，重建生命。

请看图3-1，我把它叫作"人生智慧六层次"，我们接下来的内容

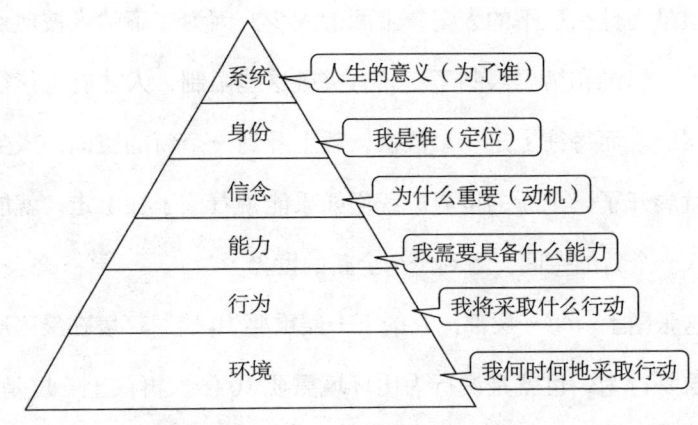

图 3-1　人生智慧六层次

将围绕这张图展开。这张图源自罗伯特·迪尔茨的逻辑层次模型，我觉得它是一个很有用的工具，能解决人生中的很多问题。比如：提升生活质量的问题、事业的问题、与人沟通的问题、幸福的问题、提升个人能力的问题，以及教育子女的问题等。搞懂了这张图，我们就会在高维度培养孩子，给孩子传递高维度的智慧。如果孩子学会了这张图，并且能应用于他的生活和他的未来，那么他做很多事情都可以事半功倍，成为家庭的骄傲。

我们仔细观察一下这张图，它是不是很像一个金字塔？在这个"金字塔"中，是底下的人多，还是上面的人多？一定是底下人多。我们希望我们的人生、事业、智慧、财富在金字塔的底下还是上面？我们希望我们孩子的人生、事业、智慧、财富在金字塔的底下还是上面？肯定都在上面，对不对？因为上面部分的人看上去更优秀，人人都想往上走。

但是为什么底下的人多，上面的人少？因为底下的人被他们所处的层次、思维和格局限制了。只有突破这些限制，人才有可能往上走一个层级。而每往上走一个层次，就上升到一个新的空间，人生自然而然就展开了一个新的世界。我们如果能带着孩子往上走，就能让孩子进入一个新的空间，看到一个全新的世界。

这张图上，每一层都比它的下一层重要10倍。环境在最底层，往上一层是行为，也就是说行为比环境重要10倍。再往上一层是能力，能力又比行为重要10倍。依次往上，信念比能力重要10倍，身份比信念重要 10 倍，系统比身份重要 10 倍。问题来了，你想连接到哪一层次呢？是想一次性连接百万能量级还是两位数的能量级？

一般来说，和高维连接的孩子与和低维连接的孩子不一样。从高维向下容易，还是从低维一步步往上走容易？一定是从高维向下容易，很多低维度出现的问题到了高维度那里就不是问题了。人如果想从低维度开始，一层一层往上走，其间没有一个好老师的指导或有经验的人的指点就会很难，可能会一直陷在低维度的烦恼中，终其一生无法登顶，所以，我们应该努力从高维度开始改变。

明白道理容易，能把道理用于实践往往较难，明白了道理又能去做的人，其财富积累、生命自由度、人生喜悦度和自我价值感通常会越来越高。

学习教育，做懂得家庭教育的家长

前文中我曾反复问家长：你到底要培养一个什么样的孩子？你究竟要带孩子走向哪里？为什么我一再强调这两个问题？就是希望能找到一批有共同理念的家长，与我目标一致，我们能够一起努力培养出一批优秀的孩子，一代社会中坚力量。

认同感是一件很重要的事情，因为志同才能道合。我们只有彼此目标一致，才能同频共振，我提供给你的才是你最需要的，才能恰好帮到你，让你收获更多。

如果你只是带着快速解决问题的心态来看我这本书，很有可能找不到自己想看的点，那你可能会着急，没有耐心，甚至因此产生怀疑，萌生退意。所以，请你不要着急，因为这本书不只是要解决你的问题，而是要提升你教育孩子的维度，当你的维度和能量提升了，很多问题都将不是问题，会自然而然地被化解掉。

我将做家庭教育培训课程的老师分成这样四类：

第一类老师会带着他的知识走进你的世界,会给你一些方法,但是这些方法用在别人身上和用在你身上不一定会有同样的效果。

第二类老师能提升你的能量和能力,让你能独立自主地解决问题。

第三类老师帮你看到事情的真相,让你认识到生命中的一切事情都和自己有关,促使你开始内修,使你自然而然地改变对待事情和别人的态度,发现生气和烦恼没有意义。这时你会明白,只有从改变自身做起,事情才有可能会发生改变,问题也才有可能得到处理。

第四类老师带你走向真理,让你清楚你和世界万物的关系、和众生的关系、和自己的关系,让你明白你因谁存在、为谁存在、为谁奋斗,让你明白生命的真相是什么。

有的家长可能会问:"戴老师,你属于哪一类老师呢?"其实我不想成为大家的老师,只想成为大家的一个同行者,或者最多算作大家的一个导游,因为我们有共同的目的——都想培养出有爱心、有责任感、懂付出的优秀孩子。如果我们此行同路,目的相同,就请你静下心来,学习教育,做一个懂得家庭教育的家长。

第 4 章

系统：高维度能量助力成长

如果不连接到外部系统，你即便再优秀，也很难借助外部的正面力量，也就很难实现自我价值。

第4章
系统：高维度能量助力成长

系统的维度越高，能量越大

什么是系统？你有没有系统？你的系统是什么？

举个例子，我姓戴，戴家就是我的系统。我是中国人，中华民族就是我的系统。因此，系统就是能和你建立连接的你的身份之外的那个庞大的体系。

对个人来说，你的家庭是一个系统，你所在的企业是一个系统，所从事的行业是一个系统，你身处的国家也是一个系统。在这个国家之上，还有世界以及人类社会，它们都是系统。你连接的系统维度越高，你的能量就越强，智慧就越大。**你和什么系统连接，就会得到什么系统给你的智慧和力量；你伤害了系统，系统就会伤害你，排斥你。**

比如有人骂你，你不高兴，你可能会对他置之不理；如果有人骂你的父母，你多半会和他理论一番，甚至会大打出手。为什么你会格外愤怒呢？因为你的系统被伤害了，你本能地想去维护它。

孩子的成长，父母的修行

....

  我小时候比较瘦弱，被人欺负也往往不反击。有一次，我真的愤怒了，把我们班里最厉害的男生的头给打破了。老师请家长到学校，我父亲把我领回家，问我到底为什么打架，我就和父亲说，那个男生骂我、打我，我可以忍，但是他骂我母亲，就不行，我就要反击。

  我父亲说："他个子比你高一个头，你怎么能打得过？"我说："我不管，反正他骂了妈妈，我不管打得过还是打不过，都要打，骂我妈妈就是不行！"

....

  因为我和母亲是一个系统的，也因为我连接了我的系统，我才有胆量去和那个比我高的同学打架。如果只是为了我自己，我可能会掂量掂量，然后打退堂鼓。当然，用打架的方式解决问题是不对的，我只是想通过这个例子说明系统对人的影响。

  我的工作中有很大一部分是帮孩子连接到高维系统，教导孩子"为天地立心，为生民立命，为往圣继绝学，为万世开太平"。那些有成就的人往往是连接到高维系统的人。

  从反面来看，那些出卖自己的祖国、背叛自己的同胞的卖国贼，他们心里只有自己，没有和祖国、同胞连接，只能被世人所不耻。他们背叛了系统，所以得不到这个系统给予的智慧和力量，并且会遭到这个系统的排斥、唾弃。

再比如，有人在马路上吵架，虽然会被围观，但是外人不一定会管。可如果有人把国旗扔在地上踩一脚，可能就有路人看不下去，上前制止，因为他伤害到了大家的系统。

为什么自私的孩子难有好友？因为他的系统里只有他自己，就很难连接到更大的系统，结交到朋友。为什么学习好的孩子突然就不想上学了？因为他学习只是为了证明自己，证明不了了就会恐惧、害怕，开始退缩。为什么有的孩子漠视生命，没有同理心？因为他自私冷漠，看不到别的生命也是生命。为什么有的孩子不喜欢做家务，总是理所应当地向父母要求这要求那，不体谅父母？因为他连自己是未来家族的责任者都不清楚，对他的家族系统只有索取，没有给予。

这样的孩子在遇到成长问题的时候，很难得到系统给予的帮助，他们的父母也无能为力。他们不信任父母，不考虑父母，没办法接收父母的力量，更难以接收别人的力量。最终，他们的内在世界就会充满怀疑、否定、排斥，他们也就很难有所成长。

孩子的成长，父母的修行 ....

家庭教育讲究系统的力量

这是一个快速、多变、充满危机的时代，什么都讲求快，唯有教育不能快，不敢快。因为**教育不是一件短期的事，而是一个长期的过程，我们不敢在教育上舍本逐末，不敢在孩子的教育上投机取巧，更不敢在孩子的教育上揠苗助长，因为我们的孩子不是小白鼠，不是试验品**。他不仅仅是从妈妈肚子里生出来的宝贝，更是从我们心里长出来的宝贝，是我们留给这个世界最宝贵的财富。

家庭教育讲究系统性。系统是个大环境，每个部分都在彼此作用和影响。所有在教育方面着急想要快速得到结果的人，一定是在舍本逐末，自欺欺人。因为**教育主要源于家长的言行合一，孩子从来不是听家长说了什么，而是看家长做了些什么**。

....

　　我从小跟我姥姥在一起生活，7岁才回到父母身边。我

第4章
....系统：高维度能量助力成长

父亲对我很严厉，我跟他不是很亲近，但是当我知道了他的过往之后，我开始敬佩这个男人。

我父亲有很多的故事都不给我讲，直到10年前，我爷爷奶奶的坟墓需要重新修缮，我和父亲回老家处理，其间我知道了一些往事。

我爷爷奶奶去世比较早，我没有见过他们。老家的一个叔叔告诉我，当时生活条件很艰苦，我父亲特别不容易。奶奶去世后，因为爷爷在上班，父亲要照顾两个妹妹两个弟弟，其中一个弟弟和一个妹妹个子很小，岁数也很小，父亲除了照顾他们，还要带着大弟弟扫马路。这一段路非常远，差不多有五公里，每天都要扫一次，寒暑假每天扫两次。这样才能赚点生活费补贴给家里。

后来，爷爷也去世了，父亲便独自一人照料弟弟妹妹。他学习特别好，年年都是班级第一，本来有机会就读于一所重点大学，但是他最终选择上了另一所师范大学。因为师范大学不用交学费，还管吃住。上了一年半以后，他又去当兵，因为当兵有补助，可以贴补家用，这样他的弟弟妹妹就可以上学了。父亲就这样支撑着整个家，直到弟弟妹妹都成家了，有了房子有了工作。

当我知道这些之后，我对父亲肃然起敬，也突然发现，自己以前那些不好的行为真是对不起自己家庭这个系统。

当时，我拜托一个朋友帮忙修缮坟墓。有一次，我朋友打电话告诉我，说父亲总是过几天就去一次。于是我问父亲为什么每隔几天就要去一次，他说他坐在那里可以看到家族的兴衰，可以看到他的父母，可以跟他的父母对话。

原来，父亲支撑了两个家庭，一个是我们这个新生小家，一个是他的原生家庭。

我父亲对家族付出了很多，但有回报。整个家族中过得最好的是我们家。为什么？因为我父亲对于系统的关系是承担责任和服务的，是努力和付出的，进而对子孙有了很大的积极影响。你如果有机会多观察一些家庭，就会发现一个现象：在家族里过得最好的，往往是付出最多、承担最多的人，而他们的子女也往往是很优秀的。

所以**你和你的系统是什么关系，决定了系统给你的是什么力量；你服务于系统，系统便会给你提供核心的内在动力**。最可怕的是，你不但不服务于系统，还和系统对立，在算计，在搅动。再看看那些为了一己私利算计来算计去的人，到最后往往最没未来的是他们，最没出息的是他们，被人看不起、灰溜溜的也是他们。

所以，我们要看我们和各个系统的关系是什么，我们的孩子和家庭、学校、社会的关系是什么，一个孩子如果对于家庭是只知索取，不懂感恩，那么家长对他辛辛苦苦的付出只能让他变成"白眼狼"。而

第 4 章
系统：高维度能量助力成长

这样的孩子与家庭系统的关系也映照着未来他与所有系统的关系，如此一来，他的工作、他的婚姻、他这一生，又能好到哪里去呢？

我们要思考的是，家长如何把孩子养成了这个样子？

在如今这个社会上，有多少家长只让孩子学习，不让孩子做家务，不引导孩子关心集体，家里的任何事情也不和孩子说，慢慢地孩子变得不再关心家里，孩子和家庭、家族这个系统连接的机会被家长剥夺了。

我们必须知道，个人之上有家庭，家庭之上有家族，家族之上有民族，民族之上有国家，国家之上有世界，世界之上还有宇宙。任何一个人都无法脱离系统，而且，处于不同的环境中，所对应的系统也会不同。

比如，你所在的单位是一家公司，这个公司是你的一个系统；你到商场购物，是一个消费者，消费群体是你的一个系统。要想让自己过得好，你必须与系统保持正向连接。比如，社区里有社区群，那是你的系统。你愿意为你的小区付出时，你在小区里就是个责任者。你不愿意为小区付出，天天在小区里搞破坏，和物业对着干，最后所有的人都反感你，你就会遇到抵制。

再比如，参加一个旅行团，旅行回来你可能会发现，有些人能得到大家的尊重，有些人却会招致大家的反感。这通常是因为前者总是热心帮助别人，在行程中能顾及别人的感受，而后者自私自利，不仅对别人漠不关心，还会因为自己贪玩而耽误大家的行程安排。一般来说，在生活中，前者更容易获得成功。

孩子的成长，父母的修行

为系统服务的动力决定了你的能力

过去几年，我每年都要去甘肃白银市会宁县做公益讲座。每一次去，我都深有感触。那里的人，家庭年均收入不是很高，生活比较艰苦，孩子们的学习、生活条件远远比不上一、二线城市，但会宁是西北教育名县。

为什么这里的生活环境、教学环境不够好，这里的孩子却学得这么好呢？因为他们有生命动力，这个生命动力主要源于他们的父母给他们的责任意识。他们的父母是这么说的："孩子，我们家里非常贫穷，因为我们没知识、没文化，你只有好好学，学好了就能改变命运，过和我们不一样的人生。如果你努力奋斗，最终你走出这里，你就能改变整个家族的命运，你的后代就不会过像我们一样'脸朝黄土背朝天'的生活。"

我们仔细来分析他们父母说的这段话，这是在给孩子和家族系统做连接，让孩子明白学习是有使命的——他们要带着改变家族命运的

第 4 章
系统：高维度能量助力成长

责任去学习。并且他们觉得自己现在的行为关系着自己的子孙后代，自己有责任为家族的未来奋斗。因此，他们的内在动力特别强，主动学习的欲望特别强，想通过学习改变命运的动机特别强。他们可以为了上学而每天走十几里山路，中午在学校回不了家，就啃着干馍馍读书，晚上回到家，还要点着煤油灯读书。放假了，他们会一边帮家里放羊、打麦草，一边读书。

仅仅连接了家族的系统，孩子们的能量就不一样了。所以各位家长一定要明白这样一个道理：**你服务于多大的系统，就能够获得多大的能量，拥有多大的智慧，你所服务的系统就是你发展的天花板。**

为什么？如果一个人的愿力只是改变他的家族，那么，当他达成目标的时候，他探索的欲望、向前的欲望可能也就消失了，因为他的初心只能让他坚持走到那里。比如，有的家长学习只是为了解决孩子某个方面的问题，当他解决了这个问题后，可能他就不再学习了。而有的家长学习的初衷是解决孩子成长的问题，但是他通过学习、交流，发现不少家庭的教育环境都不好，于是他努力成为亲子导师、家庭教育传播者，主动用自己的资源去创办读书会，为中国的家庭教育贡献一份力量。这样的人，会一直努力地学习，积极地改变，成为改变更多家庭的人。

前者将自己连接在家族系统上，后者则与家庭教育行业、亿万家庭在相接，两者的最终结果也有天壤之别。所以，一个人连接的系统其实是其愿力的发端，而愿力决定其这一生的高度。当他连接的系统很小的时候，他的愿力和初心只能支撑他走完一小程。当目标达成，他的发展可能也就戛然而止了。我们在现实中也发现，那些愿力大的、愿意帮助更多家庭的人，在帮助他人的过程中，他们也能解决自己的问题，会获得更好的发展。记住，愿力大的人无大事。

我常常和我们的员工说，你走出家庭，来到这里工作，是为谁工作？如果你只是为了你今天的饭票工作，为你的手机话费工作，为房屋的租金工作……那么，你跟系统连接的能量是不够的，你就很难产生强大的智慧，你的职业发展也会因此受到限制。哪天你和同事吵了一架，心情不好，可能就要辞职；或者哪天觉得其他人的奖金比你多，心里就不平衡，等等。你每天都在利益得失的小账里计算，算着算着就把你的人生算没了。

员工工作时连接的系统是什么很重要，孩子学习时连接的系统是什么也很重要。当一个孩子开始为他的家族甚至更高远的目标去努力的时候，你会发现他的生命动力、生活动力以及情绪管理都会变得不一样。他不会因为老师的责骂而不去上学，不会因为和同学闹别扭就不去上学，也不会因为功课落下得太多就轻言放弃。这样的孩子与那些活在自我感受里的孩子不一样。

活在自我感受里的孩子，感受好时就做事，感受不好时就不去做事，主要原因就是他们连接的系统太小了，小到只有他们自己，他们自己的感受最重要。

很多家长总喜欢教育孩子，努力学习就是为了找个好工作或拿到

第4章
....系统：高维度能量助力成长

铁饭碗。每当听到家长对其孩子说这句话时，我就知道这样的家庭教育出来的孩子多半没有更远大的未来了，因为他人生的天花板已经在那儿了，他的学习目标已经被家长确定了。**家长给孩子连接的系统就是孩子的天花板，也是孩子愿力的发端，是他未来做所有事情的动机和力量。**

不知道大家有没有注意到这样一个问题，我们在低维度思考问题的时候，往往想的是自己付出了多少，应该得到多少。反之，当我们站在高维度思考问题时，格局会更大。因此，我请各位再认真想想，你每天工作，每天所做的每件事，有没有在为你的系统服务？这才是最根本的，因为**你为系统服务的动力决定了你的能力。我们与人比的不是能力，也不是学历，更不是资历，而是我们的愿力，要为多少人服务的愿力，为多大的系统服务的愿力。**

各位家长，如果我们自己都没有意识到这些，没有办法推动自己走到更高的维度，我们限制性的信念就是孩子人生理念的天花板，我们当下的状态就是孩子人生发展的天花板，我们的思想、选择、对事情的态度就是孩子人生态度的天花板。

依靠系统的力量，才能成就一生

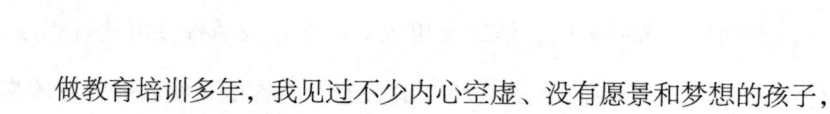

做教育培训多年，我见过不少内心空虚、没有愿景和梦想的孩子，也接触过不少患有心理疾病的孩子。

有个孩子跟他父母一块儿来找我，说他不想上学了，我就问他："你为什么学习？"他说："戴老师，我不知道。"我又问："你为什么不上学呢？"他说："我原来一直排在年级前30名，结果这次考试我退步了将近100名，我觉得我只要不能回到年级前30名，我将来就无法考到国内顶尖的大学。慢慢地我越来越恐惧，害怕参加竞技类的事情，比如学校的考试、奥数比赛、钢琴考级，一想到这些事我就心慌气短胳膊疼。"这个孩子的父母带他去了很多医院，广州、北京、武汉，但是没查出孩子有任何问题，可孩子确实有心慌气短膊疼、浑身无力冒虚汗的状况，不是装的。很明显，这个孩子是心理原因导致了躯体症状。

我又问他："你为什么要跟别人比？"他说："跟别人比，我有价值，我比别人好，我觉得我优秀，别人会看得起我。"

∵∵∵∵∵∵∵∵∵∵∵∵∵∵∵∵∵∵∵∵∵∵∵∵∵∵

我发现，这个孩子连接的只是他自己，他学习的目的只是想证明自己，当证明不了的时候，他自己这个系统就会排斥他。他的系统连班级、学校都没有。但凡他的系统能关联到班级，他希望他的努力能给班级争得荣誉，那么他就会把自己的学习经验教给其他的同学，从中得到同学和老师的认可，自然而然地获得价值感和成就感，获得系统给他的正面力量。

如果不连接到外部系统，你即便再优秀，也很难借助外部的正面力量，也就很难实现自我价值。

∵∵∵∵∵∵∵∵∵∵∵∵∵∵∵∵∵∵∵∵∵∵∵∵∵∵

我问这个孩子："你将来考上大学，为的又是什么呢？"他说不知道。我又问："你将来生活的目的是什么呢？"他还是说不知道。我指着他父母对他说："你看，你爸妈因为你，都愁成什么样子了。你有没有想过，今天为你的父母去做些什么？"他说没有想过。这时我明白了，他根本不知道自己为什么学习，为什么活着，因为他没有连接任何能让自己有更强大的能量、更高的智慧的系统，他甚至不知道自己是谁。

于是我告诉他，他真正的价值源于哪里。我说："你考到全班第一，但你不一定是全校第一，考到全校第一，但你不一定是全市第一，就算考到全市第一，你也不一定是全省第一，你就算是全省第一又能怎么样？你敢说未来你就一定有成就，对社会有贡献吗？相比成绩、学历，愿意付出、心里面能装下别人、有责任感，对一个人的一生更为重要。"

系统位于金字塔的顶端，想明白了你的系统，你就知道你为谁而存在、为谁而奋斗，就知道了你这一生该怎么活，你这一生要到哪里去，你就有了视野，有了格局，有了愿力，也自然而然有了增强能力的可能，你就不会为琐事计较，不会在烦恼中度过一生。当你进入了高维度世界，你才能培养出一个优秀的孩子，否则，你天天在蝇营狗苟中算计，在烦恼痛苦中不能自拔，你的孩子又怎么能心怀天下，怎么能有社会责任感和集体荣誉感？想要培养优秀的孩子，就必须连接高维系统的能量，这样我们才能引领我们的孩子去开创智慧精彩的人生。

懂得感恩和付出，才能获得系统的支持

请你再思考一下，什么是系统？你的系统是什么？相信这不是一次就能想明白的，你可以慢慢思考，思考的过程其实就是你和更多系统连接的过程，你的心里会有更多的系统，你未来也会得到更多系统给予的加持和力量。如果你的心里只能装下一个人，那你只能是孤家寡人；如果你的心里能装下十个人，你可能会有不错的家庭；如果你的心里能装下千军万马，你或许可以成为一个很好的将军；如果你的心里能装下日月星辰，你将是一个圣贤。

这个世界既是一个有形的世界，也是一个无形的世界。什么是有形？就像玻璃杯，它是由玻璃做成的一个杯子，这叫作"有形"。无形是什么呢？"无"就是这个杯子里面的空间，它是空的，如果是一个实体的玻璃球，它是装不了水的。人也是一样的，我们有着有形的身体，也有无形的思想。无形的思想有多高，你的品格就有多高，你的维度就有多高，你的承载能力就有多高，你的德行就有多高。

家长如果只是告诉孩子好好学习，将来有好工作，那么这个孩子是没有任何系统可以连接的。如果家长告诉孩子要为社会付出，要为人民服务，帮助孩子树立正向的观点和远大的志向，孩子未来大概率会有所成就。所以亲爱的家长，无论你在哪里工作，在哪里生活，都请你记住：你能和多大的系统连接，就会得到多大的系统带给你的力量和支持，请坚持为一个更大的系统服务。

你是一个普通职员，就一定为企业负责；你是一个企业家，就一定为行业负责。《金刚经》里讲，"若卵生，若胎生，若湿生，若化生，若有色，若无色，若有想，若无想，若非有想，非无想，我皆令入无余涅槃而灭度之"，是在告诉我们，所有的众生和我们是一个系统的，我们不是在为他们做什么，而是在为自己做什么。

究竟什么是系统？**系统需要你思考你因谁而存在、为谁而存在、为谁而奋斗，以及你和系统的关系怎么样**。可以这样去理解，系统可以不需要你，但你需要系统。艺博教育从创立的第一天开始，每有活动，都一定要先奏国歌，因为国家是我们的系统。如果我们不爱国，不能够带着所有的学员去爱国，我们能说是在给国家培养人才吗？我们有资格去连接国家的伟大能量吗？一个人创办一家企业，如果想尽办法去偷税漏税，实际上就是在破坏、对抗这个系统。在这个过程中，系统不一定遭到破坏，但这个企业是很难发展起来的。

我们必须清楚一个道理，所有给出去的才是我们自己的，我们为别人服务实际上是在为我们自己服务。当我们为系统付出越多，我们的能力就越强，收获就越多。我们为别人做得越多，收获的感恩和支持也会越多，一旦我们在生活中遇到问题，要做什么事情，就很容易得到很多助缘，最终我们做的一切其实都回向了我们自己。别人都是我们的田，系统也是我们的田，只有在田里播种，才有收获果实的可能。显然，不是系统需要我们，而是我们需要系统。

每天早上起来，我们应该感谢谁？如果还能呼吸，我们是不是应该感谢空气？如果我们还能喝水，我们是不是应该感谢大自然给我们提供水资源？你会发现，一个懂系统的人会懂得感恩，一个明白系统的人会有敬畏之心，一个拥有系统的人会感谢一切能支持他生命的人和事。

《金刚经》第三品中讲到，"如是灭度无量无数无边众生，实无众生得灭度者。何以故？须菩提，若菩萨有我相、人相、众生相、寿者相，即非菩萨"。其实就是告诉人们众生一体，人类是命运共同体，我们和世上其他人、和自然、和地球、和宇宙，处于同一个系统，会一荣俱荣、一损俱损。我们每个人都是系统的一分子，都受惠于系统。

当你有了这颗心的时候，我要恭喜你了，你跟系统的关系发生变化了。所以请你再明确一下，你跟你的系统关系怎么样？你是在用它，还是在跟它讨价还价？还是你特别敬畏它、感激它？如果你真的敬畏这个系统，你会发现，哪怕是出门在外，不随手扔垃圾这种小事，你也能持之以恒地做下去。你会做一切对系统好的事，因为你懂得，没有这个系统就没有你。

明白了你和系统之间的关系,你的所作所为就会变得不同。比如:以前你可能会觉得洗手多用点水或少用点水没什么差别,现在你就会非常清晰,能少用点水就少用点水。在你看来,自己节省的不是钱,而是资源,因为这一切是你的系统里的。你会发现,当你的人生处处充满了感恩,你对系统的关系变成感恩和付出的时候,系统所有的力量都会支持你。因为你在支持系统,处处都在利及别人,所以在你有需要时,所有的资源也自然会向你涌来。

各位家长,如何引导我们的孩子突破他人生的天花板,实现人生的跃迁,走到金字塔的顶端,是值得我们认真思考的,希望本章的内容给了大家想要的答案。

第 5 章

身份：适宜的定位激发斗志

不是你告诉孩子什么是长大，他就能长大，而是要经历一些事，拥有一些身份，他才会长大。

是谁不重要，成为谁才重要

1. 你就是最好的家长，这就是你的身份定位

我们每个人都有很多个身份。如果我现在请你写出你的 10 个身份，相信对你来说不是什么难题。比如我个人，我是父母的孩子，是孩子的父亲，是我们机构的创始人，是党员，等等。

每个人都有很多的身份，身份在人生智慧六层次图中，是排在系统之下的第二位，说明除了系统以外，身份是最重要的，重于能力和信念。

你是谁重要吗？不重要。重要的是你要成为谁。这个"谁"，就是人们要获得的身份。

很多孩子经常和我说，"戴老师，我学习不好"，这句话一说出来，就给自己定了一个身份——我是个差学生。"戴老师，你看我的计算能力是不是不行？"这又给自己定了一个身份——我是一个计算能力差的人。

孩子的成长，父母的修行

....

10年前我和办公室员工一起聚餐时，问了在场的人一个问题："你和公司是什么关系？"有的员工说"我是公司的一名员工"，他给自己定的身份就是员工；有一个员工说，"戴老师，我是这家公司的主人"，他现在已经是我公司的高管之一了，这就是所谓的"定位定江山"。

....

有些家长对我说："戴老师，我不是一个合格的家长，我这么多年都在'兢兢业业'地害孩子。"我说："你现在是不是一个合格的家长不重要，重要的是未来要成为一个合格的家长。如果你现在把自己定位成一个不合格的家长，你会发现你学习越多，就越对孩子充满愧疚感，你会下意识地补偿孩子，受制于孩子。但是如果你给自己定位要成为一个合格的家长，你的内心会充满力量，你会越学习越充满动力，心里越喜悦。"

各位家长，你必须明白，你现在是什么身份一点都不重要，重要的是你要拥有什么身份，要成为什么样的人。无论你现在教育子女是成功还是失败，都不要说自己是一个不合格的家长，你至少在成为合格甚至成功的家长的路上了。努力奔跑的家长就是最好的家长，这才是你应有的身份定位。

第 5 章
身份：适宜的定位激发斗志

我们的孩子也是一样的，一旦他在内心定义自己为差学生，他就往往会丧失学习动力，觉得自己怎么学都学不好，心中想到的全是失败，这种情绪和感觉会牢牢地限制他的行为。人都是追求快乐、逃避痛苦的，一旦他认为学习是痛苦、无法胜任的事情，他就会本能地想逃避。

这个时候，如果家长不明白是孩子的身份出现了问题，一味地逼孩子，不停地责怪孩子不好好学习，只会引起孩子更大的反感和抗拒。所谓的青春期逆反、厌学、沉迷于游戏等一系列现象也就在此时发生了。

2. 先有身份，才有责任与能力

我小时候是一个很自卑的人，个子矮，长得瘦，很容易感冒。只要提起身体不好的人，大家想到的一定是我。

家里人总说我身体不好，是个病秧子，天一冷了就让我赶快加衣服。因此，每逢换季降温，在一群小伙伴里，我永远是穿得最多、病得最早的孩子，也是长得最矮小、总是受人欺负的孩子。病秧子、挨打者，就是当时我的身份，我特别不喜欢这两个身份，特别想成为强者。

这种情况持续到了我13岁。有一天，我看了电影《少林寺》，从中学会了一招侧踢腿，天天练习。我想以此强身健体，改变我病秧子、挨打者的身份。

到了高中，我遇到一个好的班主任，她也是我们的英语老师。她跟我说："你英语学得不好，但是你具备当班长的能力。"那个时候我们年级一共有三个班，我们班里的孩子都比较难管，不爱学习的特别多。

老师为什么要找我呢？因为那个时候我已经摆脱了挨打者的身份，在同学中间还算有点威信。就这样，我当了班长。这之后，我发现我不一样了，我跟这个班级系统连接了。我有了新的身份，什么身份？班长！我是一个很讲义气的人，只要别人敬我一尺，我就会回报一丈。我想，既然老师相信我，那我就要让这些同学少给老师添麻烦。时间长了，老师发现我当班长很称职，我就在高中当了三年班长。

···

所以，身份很重要。**身份不是你现在是谁，而是你要成为谁。**比如一个男人是怎么有家庭责任感的？他和心爱的女人成了家生个孩子，有了父亲的身份，于是饭也会做了，尿不湿也会换了，奶粉也会冲了；女人原来是总像个长不大的小女孩，觉得自己手不能提、肩不能扛，当了母亲之后，突然发现自己能左手抱娃、右手炒菜了，在外照顾工作，在内照顾家庭，都能扛下来了。实际上，我们每一个人都是先有这个身份，才有了相应的责任和能力。

....

我们公司现在有很多专注于亲子教育的讲师，不论是在正式课堂上、读书会中，还是在其他日常场合，他们都能自如地传播家庭教育理念。可最开始的时候，他们也不善于演讲，他们其实也是普通的家长，因为孩子有问题才走进了亲子教育的课堂。学习之后，他们发现家庭教育竟如此重要。因为自己痛苦过，所以他们的发心更为直接——不希望更多的人重复走他们的路，因此他们成为亲子导师。

有了这个身份，这些原来站在台上可能讲话都支支吾吾的家长，一场一场坚持着讲，最终练就了良好的表达能力，影响了更多的人。

....

由此可见，**你不具备自己想要的身份，就永远不具备这个身份的视野、智慧和能量**。我时常向来学习的家长说这样一句话：分享享天下，定位定江山。这句话的意思是：分享很重要，定位也很重要。

下面一组关于学习保留率的数据是我们公司通过调研得出的，在一定程度上反映了一些问题。

孩子的成长，父母的修行 ....

....

如果我们听完一堂讲座后什么都不做，我们的学习保留率只有5%；如果我们认真地读一本书或者一份资料，之后也什么都不做，我们的学习保留率只有10%。

如果我们通过视频学习，觉得这个老师讲得很好、很有道理，但之后不做作业，不做分享，我们的学习保留率只有20%；如果我们听完视频课程后能给别人做示范，做内容介绍，那么我们的学习保留率通常能上升到30%。

如果我们能建立学习型组织，每次学完后再进行小组讨论，大家彼此分享心得，彼此之间的理解其实又是一堂课，把老师讲的内容做了进一步的延伸。这样的学习方式能让学习保留率达到50%。

如果我们听完一堂课之后立即复讲给他人听，学习率保留可以达到75%。如果我们还能把这堂课的内容应用到生活中，那么学习保留率将达到90%以上。

....

"要教我所学，用我所学"，这是我们亲子导师班的学员经常说的话，经常用的学习方式。这种学习方式的学习保留率一定是最高的。这也是我让我的学员们课后按时交作业，彼此分享，进行小组复讲的

第5章
身份：适宜的定位激发斗志

主要原因。既然我们已经拿出时间在学习了，那就带着最大的成果回去。

前文中我曾提到过当前社会个别不当的亲子现象——很多家长总是要求自家孩子不要和学习不好的孩子玩，要和学习好的孩子玩，这实际上养出了孩子的分别心。慢慢地，这些孩子的观念就是学习成绩好的孩子是好孩子，学习成绩不好的孩子会被人看不起。于是，当他成绩好的时候，他就傲慢，瞧不上那些成绩不如他的同学；当他学习成绩不好的时候，他就感觉大家都瞧不起他，都在嘲笑他，整个环境都容不下他；当他成绩下降到一定程度，他就不想上学、不出家门了，就抑郁了。这也是现在很多孩子小学很好，初中很好，结果到了高中遇到一点点事情就跌到谷里出不来的原因，因为他们一路太优秀了，他们输不起。

在这一点上，我母亲就不一样。前面提到，我小时候每次写完作业要出去玩，母亲就会让我去找邻居家的孩子，看看他作业写完没有。如果没写完，我给他讲讲。如果我告诉她有些题我也不会，她就会让我第二天去学校问老师，放学后再讲给邻居家的孩子听。

现在想来，我母亲是极有智慧的，她不仅让我学会了分享，还扭转了我的身份。我原来也是一个学习不好的孩子，但是为了要帮助别人写作业，我必须好好听课，成为一个好学生，责任感和能力在这个过程中被激发了出来。由此可见，家长给孩子定位是什么很重要，孩子内心给自己的定位是什么也很重要。

孩子的成长，父母的修行

我们在启智训练营带孩子做领袖风采活动时会发现，那些勇于站出来的孩子，不一定是团队里面看起来最强壮、最有能力的，却是有成为团长的强烈愿望且能够付诸行动的。这样的孩子有可能从没有过领导经验，但关键时刻能挺身而出。他们给了自己身份，而这个身份让他们在活动的过程中有了担当，有了责任，有了能力，让他们做到了他们此前从未做到的事情。此后，他们会更加懂得先有责任后有能力，而不是先有能力后有责任。

新的身份会带给孩子全新的视野和能力。原本不曾经历、没有经验的孩子，在亲身体验过之后就会明白家长和老师讲的很多道理到底有何内涵。所以，**不是你告诉孩子什么是长大，他就能长大的，而是要经历一些事，拥有一些身份，他才会长大。**

第 5 章
身份：适宜的定位激发斗志

明确了身份定位，才有心为之奋斗

我公司在全国开办了几百家读书会。这几百家读书会都是热衷于家庭教育的家长出资出力，一个一个建立起来的。他们希望通过自己的努力，提高更多家长的学习意识，让更多人能静下来，充满善意地活着，让更多的家庭能充满爱，流动着爱。

家长要给自己定义一个恰当的身份。如果你只是为了学几招去对付你家的熊孩子，很可能你看完这整本书也无法找到一个具体的方法，这时你会着急，进而放弃。如果你想要改变家族的命运，甚至是想学习更多的知识，拥有更多的智慧，然后帮助他人，你会无比珍惜书中的每一处内容,无比珍惜你在听课、听讲座的过程中遇到的每一个老师,因为他们都在助你达成愿望。同时,你会选择学习保留率最高的方式来学习,以最快的速度吸收最多的知识,从而更快、更好地帮助别的家长。就此而言,你的身份也决定了学习对你的价值,以及带给你的智慧和能量的量级。

为什么我给来我公司学习的少年定义为少年英雄、中国力量?什么是英雄?不是打了多少仗、占了多少土地,你就能成为英雄,而是通过自己的行为帮助更多人,支持更多人,让他们生活得更快乐、更幸福,你才是英雄。**能成为英雄,不是看你拥有多伟大的能力,做了多伟大的事情,而是看你用你的爱,为别人做了多少件有意义的小事。**

多数英雄都不是干了很多大事的人,而是在平凡生活中维护正义,在日常生活中能起心动念想着他人,有责任心的人。有人认为这个维度太高了,定位太高了,其实困难不在于它有多高,而在于很多人不敢去想,不敢去定位。

你心里想到的地方通常能去到,怕的就是你心里没想,不敢想。换言之,如果你认为自己是快乐的,你就会朝着快乐的方向前进!有了这个定位,就没什么事会让你不快乐。同理,你认为自己是幸福的、强大的,那么你走到哪里都是幸福的、强大的,这些是你给自己定位的身份决定的,不是你的遭遇决定的。

一个人的悲哀在于,他没有明确稳定、有力量为之奋斗终生、受尊敬的身份。一个人最大的恐惧在于他脱离了系统,被系统抛弃。如

第5章
身份：适宜的定位激发斗志

果你不笃定自己要成为什么样的人，也无法连接到任何系统，那么你将看不到路在何方。

作为家长，我们要给自己定一个明确的、清晰的、稳定的、被人尊重的身份。比如，你把自己定位成一个宽容的妈妈，你会发现今天孩子在学校闯了祸，你也能静下心来理解他、安慰他，等他平静下来之后和他分析，而不是直接责骂他；当他成绩不好的时候，你会允许他的失败，而不是悲伤和怒斥……你不会因为他任何不好的事情而改变自己的宽容度，因为这是你明确又稳定的身份决定的。

再比如，我给自己定位为一个愿意付出的人，不会遇到算计的人就开始计算得失，一遇到贪便宜的人就去想自己做什么不吃亏。这样一来，我永远都能给别人带去快乐，带去力量。

当你给自己定这样清晰、有力量的身份时，整个人会完全不一样。你很少会说我现在心情不好，烦得很，别理我，也很难受情绪的干扰，过两天好了，过两天又不好了，循环往复。所以，**一定要给自己定一个明确的、清晰的、稳定的、被人尊重的身份，给自己贴上正向的标签。**

这个标签不是要说明你做到了什么、你是谁，而是要说明你要成为谁。能想清楚这个标签，人生中遇到的很多问题都会得到解决，如果想不清楚这个标签，你会发现自己的身份今天变，明天又变，人生中遇到的任何事情、任何不赞同你的人都能成为你的阻碍。你的孩子这次考得好，你就开心，下次考差了，你会伤心；你和老公吵架了就觉得婚姻不幸福，老公送你一条金项链，你又觉得自己是全世界最幸福的女人。你的情绪、你的心情随时随着外界的改变而改变，这样的你怎么可能快乐？怎么可能不焦虑？又怎么可能得到孩子的信任，引领孩子去定位他的身份？

各位家长，请先明确自己的身份，一个积极正向的身份，从而让你的孩子定心、定位、相信你。孩子从来不看你说了什么，他只看你活成了什么样子。你有多少个系统，就有多少种定位，想明白了自己的定位之后，你会带着不同的身份去连接不同的系统，获取更多力量。

只有自己先活出积极正向的样子，把这当成呈现给孩子最好的人生礼物，你才能带动孩子确认一个积极正向的他。否则，你自己都没有活出意义，没有活出价值，又怎么能把有价值的东西传递给孩子呢？一旦你重新审视和对待自己，往往会收获一个不一样的人生。

家长每时每刻都在给孩子身份定位

1. 家长的言行确定了孩子的身份

在生活中,不少家长处处都在给孩子定位、定身份,但自己往往意识不到。比如,我们在生活里对孩子说的每一句话、做的每一个评判、贴的每一个标签,都在无意中确认了孩子的身份。还有,我们的价值观,以及对待事情的处理态度,也在无形中影响着孩子。实际上,我们看到的世界就是我们呈现给孩子的世界,也是给他未来的世界做的确认和定位。

比如你经常评论别人的美丑,你会发现这也变成了孩子看待外表的标准,当你告诉孩子某人皮肤多白,长得多好看,再评价他皮肤黑,他就会确认自己长得不够白,不够好看,你给他贴的外表标签变成了他给自己确认的一个身份。他一旦认定了这个身份,别人再夸他好看,他都很难相信,甚至会觉得别人是虚伪的。

何为自我确认？就是自己对自己的看法和态度。当一个孩子确认自己的学习不好时，如果你告诉他他学得很不错，他会觉得你很虚伪，认为你只是要达到教育他的目的才这么说的。一旦孩子对自己的定位有了偏差，他就很难相信任何人口中与他认定的相反事实。

孩子自己对自己的态度重不重要？非常重要。那么，孩子给自己定的身份、对自己的态度是怎么产生的呢？每个孩子刚出生时都如同一张白纸，没有是非对错、高低好坏等概念，是家长一点点影响着他，通过自己的言行让他有了评判的标准和看待世界的角度。一旦这些标准角度偏离了正确方向，让他自认为很难达到人们眼中理想的状态，他就会充满无力感。

我每次在启智训练营讲课，都会设置一个帮孩子找自信的环节。通常我先请认为自己不自信的孩子举手，基本上80%的孩子都举手了。为什么那么多孩子不自信？就是在他们成长的过程中，家长反复拿他们和别人家的孩子做比较，"××学习从来不用他爸爸妈妈操心，你看看你，我天天看着你写作业，你的成绩都能这样"，在这个过程中，家长就给孩子定下了需要家长监督才能学习的身份，做出了自家孩子不如别人的确认。

于是，孩子内在就匮乏了，认为只有学习好才会被爸爸妈妈喜爱，进而他也不认为自己好了。有的孩子不喜欢自己，就嫉妒别人，导致人际关系不好，进而去手机游戏里找价值感。这就是父母一句句负面确认给孩子成长带来的不良影响。

有的家庭中，爸爸忙于工作，觉得教育孩子是妈妈的事，养家是自己的事，所以忽略了对孩子的陪伴，对于孩子的成长参与较少，说教和责骂较多，以至于孩子认为自己在爸爸心中不那么重要。当孩子有了这样的一个确认，女孩到了青春期，极易早恋，因为父亲是女孩成长过程中的第一异性，如果父亲没有给女儿足够的温暖和关爱，她就会从别的异性那里寻求温暖；男孩到了青春期，要么会因为父亲的确认和陪伴少而没有动力，要么就和父亲冲突变多。

父母的每一句话、每一个举动，都是在给孩子一个确认，都会内化成为孩子的身份。孩子给自己定位成什么身份，他就会有什么样的内在力量，这份内在力量也影响着他看待他人、看待世界的价值观。

如果一个孩子经常被父母批评、对比，他就会觉得自己是不被喜欢的，是多余的，是没有价值的存在，那么他干什么都没有动力，认为任何事情都没价值、没色彩、没乐趣。如果一个孩子经常被父母用物质激励着去做事，在交换爱的过程长大，那他内心会是贪婪的，看什么都不够，当交易停止了，他也就没有做事的动力了。如果一个孩子生活在经常吵架责备的环境中，他通常会成为一个容易起嗔恨的人，因为这样的环境让他确认了自己是受害者的负面身份，往往他看什么都容易感到愤怒，干什么都很难获得心理平衡。

所以，每一位家长都应当谨言慎行，因为你的每一句确认都是在给孩子定身份，决定着孩子的人生命运。懂得了这个道理，比你给孩子吃好的、穿好的，找最好的学校、最好的老师重要得多。记住：**父母才是孩子第一任老师，才是孩子永不退休的班主任。**

一言可以兴邦，一言可以丧国。你的一句话，对于孩子来说就是一生！在孩子成长的过程中，你对孩子的任何一句负面确认，如"你不是学习的料"，就有可能让他从此再也不愿意好好地对待学习。相反，如果你经常告诉孩子，"我觉得你未来一定有出息，你无论变成什么样子，爸爸妈妈都爱你"，那么孩子的生命就会充满动力。

亲爱的家长，无论孩子现在如何，请记住，你说出的每一句话都要是善意的，能给孩子力量的，能让孩子变得强大的。可能有时候你并不觉得你的一句话有多大的影响力，但它很有可能如同一颗种子，悄然间种在了孩子的心间，早晚有一天会在他的内心长成大树，影响着他生命的质量。

2. 要通过不断地正面确认帮孩子定位

一个人内心强大，一定是从小到大被不断正面确认的结果。家长不断确认孩子就是最好的、最棒的、独一无二的，孩子就会朝着这个方向前进。家长总说孩子就是不行，就是笨，就是不如别人，孩子将来大概率是没有出息的，或者很难有一个好的未来，从而虚度一生。

其实人与人之间没有什么不同，只是被人们尤其是自己的父母贴的标签不同，由此产生了差距。一个孩子未来能走多远，主要还是要

第 5 章
身份：适宜的定位激发斗志

看他的父母是怎么给他定位的。

为什么要让孩子和系统连接？就是想让孩子内心宽广一点。为什么要让孩子利他助人？就是想让孩子更有价值感，更有责任心。

确认有两个方面：一个是自我确认，一个是外在确认。自我确认就是一个人自己对自己的确认，而外在确认就是别人，尤其是家长对他的确认。如果家长能告诉孩子，他来到这个世界，就是要更多人因为他的存在而变得幸福、快乐和强大，那就相当于给孩子贴上了一个极具能量的正面标签，就敬请期待他有所成就的那一天吧。

家长如果知道自己对孩子说的每一句好话都是在给孩子定位，对孩子的每一句打击也是在给孩子定位，就能管住自己的嘴，与孩子之间就可以少些抱怨，多些温暖和力量。如果还能清楚自己的每一个观念、想法其实是传递给孩子的世界观，影响着孩子未来对于自己的定位，家长就会自觉地学习、改变了。

从今天起，请各位家长记住，**你想要一个什么样的孩子，就请那样去确认他**。如果你希望拥有一个有大志向的孩子，就从生活中的点点滴滴去肯定他的进步，去确认他的正面志向；如果你希望孩子是活泼快乐的，也请确认孩子快乐的身份。

不论你的孩子现在是什么样，都不重要，先把他和一些美好的词连接起来，即便此刻他对自己依然不确定，也有可能一开始不会相信你，但是只要你从现在开始改变对孩子的确认，从负面一点一点转向正面，持续下去，慢慢地就能带动他积极地看待自己，改变自己。

第 6 章

信念：坚定的信心促成改变

教育孩子的王道，其实是父母坚定地提升自己，改变自己，让自己和孩子一起成长。

第6章
信念：坚定的信心促成改变

心里怎么想，生命怎么长

1. 主宰信念的人就能主宰人生

多数问题都源于我们的信念体系出现了偏差。我们如果不重塑不适宜的信念体系，学再多的方法也是白费。

前两天我接到一位家长发来的信息，他说有个问题需要我帮忙解决一下，然后把家里发生的问题发给了我。我回答了他，并且给了他方法。第二天，他又给我发信息说："戴老师，你虽然给了我方法，但是我还是觉得我不会做，所以想再问问你。"我问他是否照我的方法去做了，他说没有做，因为他对自己没信心，没有信心能解决孩子的问题，没有信心能教育好孩子。

我回复他:"如果你没信心的话,上天都帮不了你,更何况是我呢?无论是谁给你什么方法,你都不会去做,甚至连尝试的勇气都没有,因为你的信念已经限制了你的行为。这就像你的孩子认为自己学习不好,认为自己不是学习的料,一旦有了这个想法,他就对学习丧失了信心和动力,给他补多少课,教多少学习方法,都没有用,他都不会去做,因为他的学习心态出问题了。

"我们为人父母,如果对自己都没有信心,又凭什么让孩子信任我们呢?如果你的孩子不信你,你的话他怎么可能会听呢?这个时候,无论我再教你说什么、用什么方法,都是没效果的,因为他不听啊!"

···

请问各位家长,你有信心教育好你的孩子吗?请记住一句话:**我们永远做不好我们自己都不相信的事。**

你没信心的话,你问哪个老师、听多少课,都没用。因为你连做都不会去做,你连面对的勇气都没有,你的恐惧已经击垮了你。这个恐惧不是源于事情本身的困难程度,而是源于你给自己设定的信念系统,就是你不能,你不行。一旦你有了这样的信念,你的内在世界,你的精神世界,你的潜意识,已经不可能预见你的外在世界能成功。**我们永远都活不出我们信念以外的世界,信念不改,生活不变。**

第6章
信念：坚定的信心促成改变

信念决定你的人生，信念不改变，生活不会发生任何改变。在你成长的过程中，你从小到大，有没有人跟你说过"钱难挣"？有没有人告诉过你"学习不好的人就没有未来"？凡是认为钱难挣的人，他的信念就几乎已经决定他不可能挣到钱。凡是认为学习不好就没有未来的人，如果有一天他学习不好了，他很有可能会陷入崩溃，并且认为自己没有未来了。这些极有可能在未来发生的结果，是由他们的信念系统决定的。

有一天，我和办公室的几位技术员工聊天，听到了一个让我吓一跳的信念。他们说自己做程序员的职业生涯只想坚持到35岁，35岁前努力把下半生的钱挣完，然后回到老家安家置业。这个信念就会局限他们的发展。

我遇到太多太多的人，他们的能力、付出都没问题，就是因为信念受限而没有成就。

我做家庭教育近20年了，其间有很多人问过我，是什么支撑我走到现在的？其实就是因为我有信念，也吸引跟我有着同样信念的人与我同行。我们的信念很简单，我们希望能建立家庭教育生态体系，让正确的家庭教育普惠全中国；我们希望在每个社区建立读书会，推动每个家庭成为书香门第；我们希望未来中国有大量的亲子导师、家庭教育咨询指导师、家庭教育诊断测评师、家庭教育指导研修师、家庭教育认证实训师，他们能真正成为每个家庭的教育顾问，帮助每一个家庭做到夫妻恩爱、子女成才、老人幸福。

其实这近20年的家庭教育之路走得并不容易，但是我们仍然感觉做家庭教育很幸福，而且越是做家庭教育，越是想爱人爱物，爱这世间的一切。在这个信念的支持下，哪怕遇到再多的问题，我们也不会退缩，不感到疲累。实际上，不是每天做多少事会累，真正让一个人感觉困难、烦恼、痛苦、劳累的是他的想法和信念。因此，只要主宰了我们的信念系统，就主宰了我们的人生。

人生智慧六层次的前三层占据了很大的篇幅，因为它们太重要了，系统、身份、信念，缺失了这上三层，所有的能力、行为、环境都很难再起作用。这就像有的富二代，他们有特别好的环境，但由于缺乏身份认同、没有人生信念，依然难以感受到幸福和快乐。这也是为什么我总说"人永远也活不出信念以外的人生"。

2. 你相信什么，就能成就什么

你想成为谁？你要到哪里去？你给自己贴的标签是什么？这三个问题的答案通常就成为你的信念，很少有人能脱离它。

你相信你能做到××吗？你相信你能成为××吗？你相信你就

第6章
信念：坚定的信心促成改变

是××吗？如果不改变信念，你永远改变不了自己的人生，也永远成就不了自己的人生。有一句话说得很好：连你自己都不喜欢自己，你凭什么让别人喜欢你？一个人的信念特别重要，改变信念就改变了感觉，也就改变了能量。

有信心和没有信心，两者产生的能力和能量是不一样的，视野和格局也是不一样的，能做成的事更是不一样的。**你的信念系统决定了你做事的能量和格局，也决定了事情的呈现和结局。**

人们总爱挂在嘴边的一句话"信以为真"，什么是真的？一般来说，一个人看到的不是真的，听到的不是真的，接触到的不是真的，只有他相信了才是真的。

你相信自己能教育好自己的孩子，才有可能会拥有教育好子女的能力；你相信自己能处理好夫妻关系，才有可能学会夫妻恩爱的方法；你相信自己能事业有成，能在这一生展现自己的价值，才会拥有一颗奉献和创造的心，努力地达成所愿。

人不是因为拥有才会看见，而是因为相信才会看见。记住，你不相信什么，你的生命中永远不会拥有什么。再说得狠点，你相信什么，什么就是你的命运。你相信孩子未来一定能好，你就会对他现在的问题有耐心，愿意静待花开。你会相信他现在遇到的所有障碍和问题是成长的必需，就能视障碍为助力，视问题为道路。

一朵百合花在小狗的眼中是玩具，这是小狗给百合花下的定义；一朵百合花在情人眼中是爱情，这是情人给百合花下的定义；一朵百合花在蜜蜂的眼中是食物,这是蜜蜂给百合花下的定义……百合花在你眼中是怎样的存在,取决于你相信它是什么,取决于你给它下的定义。

所以,你相信孩子是什么样的存在,他就会怎样地呈现在世人的面前。请记住,孩子的样子受你信念的影响,是你给他定义的。你对孩子的定义,就是他人生的天花板。

第6章
信念：坚定的信心促成改变

要做好家庭教育，先建立家庭教育的自信

先有相信才会拥有，先有相信才会获得。你相信自己能成为一个好的父亲或母亲，帮助孩子变得更好吗？你相信自己能成为帮助千万家庭的教育顾问吗？如果答案是否定的，你却又想得到好的结果，恐怕很难。

只有相信自己是一个智慧的家长，能改变自己和自己的孩子，才会升起愿心，做出行动，才能在行动的过程中有所收获，这就叫作"信愿行证"。有人认为自己努力了很久，学习了很久，却什么也没学会，还没有好结果，通常来看，原因只有一个——他不够笃定。再次强调，我们永远活不出我们信念以外的人生。

作为家长，你没有信心教育好孩子，即使上再多的家庭教育的课，也很难具备教育孩子的能力。因为你没有信心，你就无法有力地影响你的孩子，也就很难引领孩子正向积极地持续前行。不要只空洞地对孩子

说你爱他。或许你想把世上所有的好东西都给他，但是你没有的，又能怎么给？

  如果想解决所有的问题，你必须先坚信：你可以！你要知道，你完全有能力有智慧教育好你的孩子。所以各位家长，做好家庭教育，从建立起家庭教育的自信开始；想要解决家庭教育中存在的问题，先要建立解决问题的信心。如果没有信心做好这一切，甚至连面对问题的勇气都没有，又谈何改变，谈何解决呢？

第6章
信念：坚定的信心促成改变

重塑信念系统，才能成长提升

1. 相信

有一位妈妈说："我不敢拒绝别人，我在生活中总是讨好别人。"我说："这是你给自己的定义。你为什么不敢拒绝别人？就是你不觉得自己重要。你连拒绝的资格感和力量感都没有，怎么可能梳理清楚界限？梳理不清楚界限，你怎么会有良好的关系？没有良好的关系，你怎么能一切顺利？你要相信自己是一个有力量的人，相信你其实有力量可以拒绝别人。"

如果你真的相信自己很重要，就能改变自己的生命代码，就能做自己生命的救世主。你让我救你，但是你自己都不相信自己，又怎么可能相信我？我说什么你都很难相信，又怎么会努力按我说的去做呢？

你相信什么，什么就是你的信念。信念比能力重要10倍，只有真正树立起信念，你才有资格感，有行动的动力，有破除烦恼和障碍的能力，否则老师给的任何方法你都用不上。

你要相信烦恼是暂时的，是通往幸福和美好的道路，这样才能接纳、放下，才不会纠结，从而心生安定和喜悦。先有相信才能放下，先有相信才能解脱，先有相信才有行动，否则所有的行动都是低水平的重复。你只有相信现在的不美好是在为将来的美好做准备，才能笑纳现在的烦恼和障碍。否则你很难改变自己不接受的东西，在生命的大部分时段里会受它的反向控制。

2. 接纳

一般来说，那些不能接受自己不好的孩子很像演员，会极力在别人面前展现自己的完美，可真有人表扬他们，他们又会觉得对方虚伪。那些不能接受自己考试考不好的孩子，每次考试心理压力都很大，一旦压力积累到极点，他们就不想上学了。那些不能接受自己长得胖的孩子，怎么减肥都没办法瘦下来，甚至越减越肥……可以说，所有我们不接受的东西都会反向控制我们，成为人生路上的障碍和烦恼。

> 只有我们接纳了当下的一切，并且坚定地相信一切会变好，改变才可能发生。如果现在的情况还不够美好，说明现在的一切不是结局。给一切重新定义，改变才能发生在当下。一旦我们接受了自己的失败，就不再逃避。一旦我们接受了自己的不完美，就不会假装自己是完美的，也就能够接纳别人的不完美，不会再去强求身边的人做到完美，我们就能够变得更加真实自然。真实是成就一切伟大的力量，真实能让我们返璞归真。真实会让我们拥有一股强大的力量，让他人感受到我们的真诚。

请记住，不要让你不接受的事控制你。比如，你和好久没见的好朋友聚在一起三小时，你一直跟她吐槽你婆婆这不好那不好，这说明什么？你婆婆虽然没有在你身边，但她的言行一直控制着你的心情，这三个小时你都会因为不接受婆婆而心情不好。再如，你去上班，看到自己不喜欢的同事就生气，想到孩子在家里打游戏就心烦，火气立马起来了……

不接纳就很难放下，唯有相信当下的一切是可以改变的，才可以慢慢变好，才能放下，更好地前行。

3. 允许

人生路上，没有绝对的顺途，也没有绝对的逆境。人们总觉得成功是好事，失败是坏事；伟大是好事，渺小是坏事；完美是好事，不完美是坏事。但是这个世上没有绝对的好事，也没有绝对的坏事；没有绝对的正面，也没有绝对的负面。所有的好事和坏事、正面和负面都是相依相存的。如果你能明白一切都是可以被接纳的，一切都是被允许的，一切都是可以改变的，给自己美好的、伟大的、有力量的身份，进而你才有可能让自己越来越好，同时，影响你的伴侣、孩子，让他们也向好的方向发展。

成功会让人快乐，有价值，但是失败通常能让人成长，成长难道不是好事吗？自信是一种能量，自卑也是一种能量。自卑有没有好处？自卑的人不会用自己的狂妄伤害别人，如果他还能接纳自卑，他就可以谋求改变了。一切都是能量，每一种能量都处在变动中，不是永恒不变的。同时你也要明白一切都是过去，这会让你无比放松，相信美好，从而安定下来，生发智慧。

如果你让自己的生命处于允许的状态，何处不是硕果？允许失败，允许烦恼，因为它们是道路，是能开出莲花的淤泥。如果你相信你生命的每一个当下都是最美好的，都是最恰当的安排，那么无论顺境还是逆境，其实都是你的助缘，会让你变得强大。

如果你处于这种顺流的状态，何处不得轻松？你会享受你的生命之旅，因为所有的障碍都是推动你走向美好世界的助力。当你的生命中事事处处都被允许的时候，你才能回归真实，真实才最有力量。当你回归真实的时候，你所有的选择都是最自由的，都是你主动选择的，而主动选择的就是能够享受的，享受的才能是长久的。

4. 等待

那些不快乐的、焦虑的、不接纳孩子当下状态的家长，都是没有信心的家长，因为对自己没有信心，于是对生命也失去耐心。一位家长说："老师，我都学完咱们的能量智慧的课程了，我已经做出了很多改变，但是孩子怎么还是没有动力？我该怎么办？"其实，不是家长一有改变，孩子就能跟着改变的。

请给孩子的成长一点耐心吧。冰冻三尺非一日之寒，化三尺之冰又怎么可能只靠一日之暖呢？不仅对孩子要有耐心，你对自己的成长也要有耐心。你不是为了孩子的成长才提升的，你生命中最重要的理应是自己，你最应该爱的人也应是自己，最应该滋养的还应是自己。如果对于自己的学习和成长没有耐心，你就很容易成为孩子成长的阻力。

我希望你不要把焦点放在孩子的问题上，而是放在自我成长上。如果你是太阳，你一定会照亮孩子；如果你是个黑洞，你使尽浑身解数也照不到孩子。请先期待自己的成长。与其把所有的期待都放在孩子的身上，一心希望他能提升，不如先让自己成长起来。

5. 感恩

人生是要算总账的，如果孩子没有彻底被疗愈，你们的亲子关系没有被修复，就算现在孩子的表现如你所愿了，日后也会有更大的问题出现。所以你也要对他的成长有点耐心，他在你身边失败的次数越多，日后到社会上遭遇的苦难就会越少。提前把所有的雷都引爆，他未来的人生才会更加安全。

如果你把时间的维度拉长一些，能看到他今后人生的每一个节点，你会感谢现在，感谢他在你身边出现的问题，感谢你能帮助他的每一次机会。你现在还有时间学习如何做父母，如何再爱他一次。你会感谢当下的这一刻，会感谢障碍出现在他人生中的这一刻，而不是在你看不见、帮不上他的地方，让他孤立无援，苦苦煎熬。所以感谢现在的障碍，让它们在你能动、能学、能帮的时候都发生吧，把它们都解决掉，孩子以后的人生才会走得更加从容，而你也才能安心。

拥有了上述信念，我们学习的方法才会有作用，才能够站在更高的维度看待问题，避免了用制造问题的方式去解决问题。只有我们自己变好了，生活中的一切才会美好起来。

第 6 章
信念：坚定的信心促成改变

父母是孩子的老师，孩子也是父母的老师

我发现很多家长希望通过学习得到一副良药，学会一些方法去对付自己家的熊孩子。但是**教育孩子的王道，其实是父母坚定地提升自己，改变自己，让自己和孩子一起成长**。除此之外，家长们所有对外界的依赖，指望其他的人或者某个教育机构能改变孩子，实际上是舍本逐末的行为，不仅费力，还不太容易得到自己想要的结果。

大多数家长在接触家庭教育之前，对孩子、对教育缺乏深入的理解，经常是孩子出现什么问题，家长就针对这个问题赶紧管一下，处理一下，看到孩子有不尽如人意的地方，就开始盲目地忧虑孩子以后的高考、事业，以及婚姻……但是家长不知道，忧虑本身就会毁掉孩子的未来。家长之所以焦虑，就是因为对孩子的教育缺乏宏观层面的掌控，不知道什么该做，什么不该做，应该做到什么程度。

家长不知道教育的发展规律，不知道孩子在各年龄段的特点，一

旦遇到孩子发生问题，就盲目焦虑并试图控制。同时，不少家长对于孩子未来的发展方向也不确信，不笃定。为什么会出现这样的情况？主要还是因为很多家长结束了读书生涯，有了工作、家庭、孩子之后，放弃了自我探索，放弃了自我学习，被动地陷入生活中各种烦恼的沼泽难以自拔，往往付出的不少，得到的却不多。

你的问题不会因为你的回避而消失，当你有了孩子后，这些问题就会在孩子面前显现。孩子凭天性和直觉生活，家长的情绪和成熟程度、对生命的理解和态度、处理亲密关系的能力，都会直接对他造成影响，并影响着亲子关系。

我们常常说，父母是孩子的第一任老师，但是孩子又何尝不是父母的老师？孩子会在成长过程中出现各种各样的问题，以映射家长自身的问题，以此督促家长成长。比如，如果孩子总来打扰你，或许是因为你给他的关注和确认不够；如果孩子嫉妒心强，或许是因为你总拿他和别人比较；如果孩子不懂得尊重别人的感受，或许是因为你总是命令他，忽视他的感受；如果孩子总是神神秘秘，什么都不告诉你，或许是因为你平时对他打击式的语言太多，他不信任你了。

陪伴孩子成长的过程，也是父母观察和培育自我的最好机会，我们其实是借由孩子来反观自己、提升自己的。我们如果连与自己的关系、与他人的关系、与世界的关系都处理不好，又怎能处理好自己和孩子之间的关系？我们如果对这个世界不再好奇，又怎么能留住孩子的好奇心？我们如果不具备某些品质和能力，又怎么能把它们传递给

第 6 章
信念：坚定的信心促成改变

孩子？更何况，一旦抗拒自我成长，我们就会把成长的任务转嫁到孩子身上。我们如果不能接纳自己，对自己不满意，就往往会格外需要一个令人满意的孩子。

也就是说，我们如果不能处理好亲子关系，心中就会有一个理想小孩的形象，希望孩子主动符合我们的期待。于是，我们几乎和孩子绑定在一起了，当孩子被老师夸奖了，我们这一天就非常愉悦；当孩子考试考砸了，我们的心情通常会变得很灰暗。孩子的人生就这样被父母绑架了。而一个未成年的孩子很难负担自己和父母两代人的成长任务，这就会引发各种问题。

在学习家庭教育的过程中，在解决孩子问题的过程中，我们也会有煎熬、迷茫和焦虑，唯有坚持，努力提升自己，很多问题才可能不再是问题，我们的人生也才可能变得更加通透、更加顺畅。

请各位家长记住，教育的方法和技巧只是助力孩子成才的冰山一角，家庭教育是一个长期的过程，比拼的是家长的功底、处世态度及对人生的感悟。也就是说，家长的整个人生都会参与到孩子的教育中。

教育孩子的王道，就是家长不断地自我成长。家长只有自己变得足够优秀，才能散发内在的能力激发孩子变得更加优秀。希望家长们能自此审视自己的负面信念，并尽力摆脱它，从而活出不一样的人生。

第 7 章

能力：良好的习惯养成多元能力

能力等于习惯，你缺什么能力，就要在这方面建立起相应的习惯。

第 7 章
能力：良好的习惯养成多元能力

要想拥有能力，先要建立习惯

你最需要什么能力？

每个人的答案都会不一样。有人需要赚钱的能力，有人需要获得幸福的能力，有人需要创新的能力，有人需要教育子女的能力，有人需要干事业的能力，有人需要让别人健康幸福的能力……那么，我们如何拥有这些能力？请记住：**你最想要的能力，等于你要建立的习惯。**

当连接了系统、定位了身份、重塑了信念之后，你会发现，只要你能在生活中建立起相应的习惯，并在这个过程中改掉那些不好的习惯，获得需要的能力就不是一件难事。有的不良习惯恰恰是你养成好能力的阻碍。比如，你用了大量的时间刷手机、看电视剧，导致你没在自我成长上下功夫，因此也就没有太高的视野和格局，干事业的能力比较弱；你不喜欢运动，喜欢吃重油重盐的食物，你可能会由此失去获得健康的能力等。所以**能力源于习惯，你缺什么能力，想要什么能力，就要检视一下自己是否在这方面养成了好习惯，改掉了坏习惯。**

如果你想演讲好，就要想方设法地争取和珍惜每一次分享和演讲的机会。不要去想讲得不好怎么办，请记住所有的好都不是一蹴而就的，而是经历了无数次不好后渐渐变好的。同样，你的好习惯也是这么养成的。

一般来说，你认为自己有特别优势的地方，往往是你平时养成好习惯的结果。你文笔好，或许是因为你有阅读和写作的习惯；你身材好，或许是因为你有运动和注意养生的习惯；你工作做得好，或许是因为你有做事认真、用心的习惯……没有什么后天能力是建立不起来的，只要你能从今天开始去养成必备的习惯。

若想建立一个新的习惯，只需要突破与之相对的弱点。你想获得什么就去做什么，不要给自己太多做不好的预设，因为不好的预设会阻止你的行动，会让你的信念里有一个负面确认：我不行，我没天赋，我不适合做这件事。这相当于你给自己找了不去做这件事的理由，不去做，也就很难成长了。

一定要记住，所有能力都可以通过后天练习获得，前提是搞定人生智慧六层次中的上三层。你的能力不够，多半是因为你的上三层没有建设起来。你必须明白，系统是大于能力的。你没有能力又想获得这个能力，连接一个拥有该能力的系统是一个很好的途径。比如，你想学习教育子女的方法，最好连接专业做家庭教育的机构。

有的家长在学习的过程中，觉得不懂家庭教育实在是太苦了，于是又给自己定位了家庭教育指导师的身份，希望自己能帮助更多的人。

第7章
能力：良好的习惯养成多元能力

所以，**你有什么愿力，有什么动力，通常就能练就相应的能力**。总之，你能拥有什么能力，取决于你连接了什么系统，定位了什么身份，拥有了什么信念。

绝大多数有成就的人，做事都凭着一股愿力。同样，当你有了愿力的时候，你想要做什么事情，自然而然地会建立一个可达成此事的新习惯，从而练就一种新的能力。一旦有了这种能力，你就可能拥有了支持别人的机会。而能支持别人的人，常常是会产生社会价值的人。

家长要有养成教育意识

习惯是人们在头脑中建立的一种经过反复强化后的条件反射。习惯一旦形成,就会成为人的一种心理需要。如果某天或某次没有按照习惯的行为做事,人的心里就会觉得特别别扭。

习惯,往往体现在看似不经意的小事上,却蕴含着足以改变命运的巨大能量,好习惯常常让人受益终身,坏习惯往往使人深陷泥潭。19世纪俄国教育家乌申斯基就曾经说过,"如果你养成了好习惯,你一辈子都享受不尽它的利息;如果你养成了坏习惯,你一辈子都偿还不尽它的债务"。

那么,好习惯怎么获得?靠养成。家长要想让孩子拥有好习惯,自己先要树立起良好的养成教育意识。

1. 习惯养成,贵在坚持

想要获得一种新的能力其实并不难,你只要明白一件事:你把同

第7章
能力：良好的习惯养成多元能力

一行为、动作或事坚持做 21 天，做 21 次，这个习惯就会进入你的潜意识。如果你能连续做上 5 个 21 天，这个新养成的习惯就会变成本能。如果你坚持做足了 1 万天，你养成的新能力通常会强到无法取代。

....

  我刚开始讲课的时候，曾经有很多人觉得我讲得不好。但我不灰心，大家认为我哪里有问题，我就立刻改正哪里。我会花大量时间和精力去查阅资料，尽可能地丰富我的课程内容。同时，我还会不断演练讲课技巧，精进我的表达能力。

  曾有一个阶段，将近四年的时间，我白天在课堂上讲课，晚上在梦里也在讲课。

  现在，我对我的讲课水平充满了自信。很多课程，我只要看一遍，听一遍，过一遍，就一定能讲出来。因为我的系统、我对自己的身份认知、我的信念是足够的，我不相信我做不到。

....

你的能力一定是对自己严格要求出来的，是时间加汗水累积出来的结果，你要对自己狠一点。不投入时间，没有流过汗水，你是不会练就你想拥有的能力的。并且，只有短期的汗水，不投入持续的时间也是很难达成的。你一定要明白，不管你想获得什么能力，必须坚定地去做，坚持着去做，剩下的就是时间的问题了。要有能力先有习惯，持续投入，你就一定会有收获。

我们为什么要持续去做？因为**混一天和精进一天可能看不出任何的差别，混一周和精进三周也可能看不出什么差别，但是一个月后，你会看到行为的不同；三个月后，你会看到气场的不同；半年以后，你会看到格局的不同；两年以后，你会看到人生道路的不同。**

2. 多一些耐心

习惯的养成有一个由被动到主动再到自动的过程，所以，家长帮孩子养成习惯的时候要多一点耐心。

在这个过程中，家长要注意三点。第一，不要操之过急，以免孩子产生逆反心理。家长可以将最终目标分解成一个个小目标，让孩子逐步实现。第二，不要贪多，在孩子养成一种好习惯后，再对孩子提出新的要求。第三，对孩子的表现及时给予评估、奖惩。由于孩子的自制力普遍比较差，如果只提要求，对他们是很难起到作用的，因此，家长要对孩子做得好的表现及时给予评估、奖励。比如今天做得好，可以奖励一颗小星星；七天都得到小星星，可以换一颗大星星；获三颗大星星，就可以获得更高的奖励。这会让孩子知道自己每天的进步，并期待着明天能更进一步。

第 8 章

行为：鼓励和肯定强化好行为

对自己做错的每一个行为，你要自省；对别人做错的行为，你一定要找到其背后的动机。

第 8 章

行为：鼓励和肯定强化好行为

了解了动机，才可能改变行为

人的行为的背后是什么？是动机。如果我们存有分别心，通常会看不到别人行为背后的动机，也就很难理解别人。当分别心出现的时候，慈悲心往往不见了，以至于做出伤害别人的事。

有一次在训练营，我正在上课，有一个孩子举手示意，说他要上厕所，我同意了。他去完回来以后，过了十几分钟，又说要去厕所，这时我说："能不能再等 15 分钟？"他说："可以。"过了一会儿他又举手。我提醒他说："老师马上下课了，再等几分钟。"课程结束后，我把他叫过来，问他："你跟谁住在一起？"

他说："跟爷爷奶奶在一起。"

"爸爸妈妈呢？"

"他们都很忙。"

"你上小学了吗?"

"上一年级了。"

"你小学的朋友多不多?"

他就很难过地说:"他们都不跟我玩。"

聊到这里,我就明白了,这个孩子看似不听话的行为,其实是他缺乏关注的表现。由于平时缺少别人对他的关爱、支持,所以他特别希望有人能关注到他,于是,他用这种行为让别人看到他的存在。

第二天上课,我让他坐到我的面前,每过五六分钟我就问他一句"是不是?""对不对?"……一整天我都一直不停地关注他、确认他、支持他。在这一天的课程中,他再也没有举手说要去上厕所。

∙∙∙

孩子任何一个错误的行为,或者是让你感到不舒服的行为,一定都事出有因。**你必须看到孩子行为背后的动机,才能帮助他对行为做出改变。**

你身边有没有一些人做出让你不满的行为?如果有,你一定要记住,找到他行为背后的动机,帮他解决问题。你如果不去主动寻找,只会因为感到不快乐而对他心生怨恨,因为不舒服而与他对峙,结果会怎么样?他的负面行为会不断强化,由此带来的负面能量不仅会影响你，还有可能让他终身带着这个错误的习惯做人做事。**每一个负面行为的背后都有其正面的动机，你如果不能透过行为看到动机，很容易会错怪一个人或者错失很多机会。**

••••••••••••••••••••••••••••••••

男人天天在外面应酬，每天都喝得大醉，他的妻子受不了，非常生气地说："你怎么一天到晚在外面喝酒？再这样下去，我们就不过了！"男人酒劲没过，脾气一下上来了："不过就不过！我这么辛苦还不是为了这个家。你以为现在生意这么好做，钱这么好挣？"好了，大家都看到对方的负面行为，却没有看到对方背后的正面动机。

如果这个男人喝醉了回来以后，妻子给他倒一杯水，在他清醒一点的时候再提醒他："老公，咱们家里可以少挣一点钱，你也可以少出去谈点业务。你知道你的身体对于这个家多重要吗？你每天不回来我都担惊受怕，生怕你在外面醉倒了，没人扶你，出什么事，你让我和孩子怎么办？"相信这个男人会说："我明白了，我以后尽量早回来，尽量少应酬。"

••••••••••••••••••••••••••••••••

我们习惯在别人犯错的时候去指责、批评、评判，让问题变得更负面。这就是在**用制造问题的方式去解决问题，结果只会带来更多的问题。**

对自己做错的每一个行为，你要自省；对别人做错的行为，你一定要找到其背后的动机。这个世界没多少人做事的出发点是充满恶意的，更多的"坏"可能是被人误解。如果我们没有看到事物的真相，就用我们的认知对一个行为做出评判，产生各种情绪，并带着情绪去处理问题，一定会制造出更多的麻烦。

所以，不要主观地评判某个人怎么不好，要先了解其行为背后的动机，如果能帮到他，他会感谢我们一辈子的。因为他迟早会发现，你并没有因为他的冒失、他的不礼貌、他错误的行为而去伤害他，即便当时对他有些非常严厉的要求也是真心为他好。

如果我们在家中每天都这样做，我们的家庭就有了更多的宽容，会很和睦。这会产生一个良好的氛围：身处其中的人有心里话愿意说出来，有问题愿意抛出来；做事时就事论事，而不会针对人。

我们做教育这么多年，各种训练之所以能够持续这么久，最根本的原因是，我们始终能够想尽一切办法，让每个生命真正绽放。用我们的专业力量支持需要帮助的人，让他们能够快乐、幸福，能够有效地成长，同时，也让需要得到帮助的家长们能更好地找到教育子女的路径。

接下来你也可以思考一下：你最不喜欢自己和别人的五个行为，并把它们记录下来，然后去分析这些行为背后的动机。当你了解了这些背后真正的动机，通常就能释怀了。

多表扬优点，少批评缺点

行为没有好坏、对错，但导致结果不好的行为一定是不对的。如果结果不好了，你还要坚持这一行为，那一定是错上加错的，说明你没有自省、自察、自我克制的能力。

不要总看别人的缺点，要多看其优点，持续放大其优点，才能让很多人成为你的朋友。如果你老看别人的缺点，每个人有可能成为你的敌人。我们应该怎么对待别人？扬善于公堂，惩恶于私室。

此外，我们在私底下和别人交流他做得不太好的地方时，要注意正面确认他的上三层。

有一个人要来听我的课，结果迟到了，如果我直接批评他的上三层，说"你怎么这么糟糕，一点纪律性都没有"，这就对他的身份做出了负面确认，破坏了他的上三层。如果我说:"你平时都很守时,别的家长都以你作为榜样。这次课很重要,你却迟到了,不像你的风格,你一定有原因吧?"我肯定了他的上三层,同时指出他下三层的不足。

这时,他不会反感,还会说出迟到的原因:"戴老师,今天我开车到十字路口,有两辆车撞了,有一个伤者。我给120打电话,等120来把人接走。我下次一定注意时间。"当他把真实情况说出来的时候,你会发现不仅不应该批评他,反倒应该表扬他,他是一个非常爱助人的人。

....

教育孩子也一样。孩子认知能力的发展需要家长的正向引导,所以家长不能让孩子在完全自由的状态下成长。教育的方式不能一成不变,也不能走极端。一味地宽容,就是纵容;一味地劝导,只会沦为唠叨。只有找准原因,才能对症下药,从根本上引导孩子,解决孩子身上存在的问题。查找原因是需要技巧的。要知道孩子犯的错误,背后一定有一个动机,家长应该先肯定他的上三层,再问原因。孩子得到了肯定,心情好了,也就比较容易接受家长的建议。只要不懈地这样做,你会发现家里的言语和氛围改变了。家人得到肯定,自然会慢慢地做到你期待中的样子。这是一个互相磨合的过程,磨合成功了,家中就会形成一种相对稳定的家风。当一个家庭有了良好的家风,这个家里的每个人、每件事才有极大可能会变好。

第 9 章

环境：最好的环境推动人生跃迁

> 人的状态决定了环境。你心中的善良、无惧、无我、慈悲、真诚就是最好的环境。

家庭环境对孩子的成长至关重要

环境被放在最后一个层次上,是不是说明它不重要呢?当然不是,环境一定是重要的。我们学习,就是要改变孩子成长的土壤,改变家庭的环境。

一个人的成长,环境的影响大不大?一定很大,所以才有"孟母三迁"的典故。不少家长拼命给孩子找好老师,找好学校,一心让孩子进重点班,其本质就是在为孩子选择环境。

这些其实是人成长的外部环境。德行才是一个人成长最好的内在环境。所谓"福人居福地,福地福人居",一个内心环境不好的人,再好的外部环境也无法给他助力;一个内心环境好的人,无论身处何种外部环境,通常都能过好自己的生活。请谨记,你的内心世界,就是你最重要的成长环境。

为什么很多家长学习了家庭教育理念,他们的家庭氛围和家庭环境就改变了?就是因为他们的心念、行为改变了,家庭的能量场随之改变，孩子往往也就会变好。

　　孩子是最敏感的，他们的接受能力又很强。如果一个孩子长期生活在一个充满批评的环境中，他很容易变成一个喜欢谴责别人，也看不上自己的人；如果一个孩子长期生活在充满敌意的环境中，他往往会学会争斗，很难关爱别人，也很难收获别人的关爱；如果一个孩子长期生活在令人恐惧的环境中，他通常会遇事焦虑，做什么事情都畏手畏脚，很难成功；如果一个孩子长期生活在讽刺中，他极有可能会心生自卑，看轻自己，很难爱上自己；如果一个孩子长期生活在嫉妒中，他就比较容易妒忌别人，终身活在比较中，痛苦一生。

　　相反，如果一个孩子能生活在满是正能量的环境中，他的人生往往会充满正能量。长期被鼓励，孩子做事就会有底气，充满自信；总是被接纳，孩子就会勇往直前，也学会了无条件去爱人；生活在分享的环境中，孩子通常慷慨、无私；生活在诚实和正直的环境中，孩子会感受到生活的真理和公平；生活在友爱中，孩子就会感受到这个世界的美好……可以说家庭环境对孩子的成长起到了至关重要的作用。

　　为什么环境如此重要，却排在了最后一个层次？因为上面五层中任意一层的改变都会影响环境，也是改变环境的根本之道。

　　很多家长在学习的时候，会提到自己的原生家庭、现有的工作环境，认为是外在环境把自己变成这个样子的。其实我想说，你把你的身份定位得太低了，为什么不把自己定位成一个责任者？觉得现有的环境不好，就尝试去改变这个环境，并且你也有责任去改变它。你抱

第9章 环境：最好的环境推动人生跃迁

怨孩子不好，可别忘了，你也影响着他的生长环境。为什么你的孩子会变成今天这样？难道和你的养育方式、你为他创造的家庭环境无关吗？为什么你不努力去创造一个高能量的环境呢？你可以的。

不要抱怨，也不要内疚，每天都开开心心的，用你的笑容去感染你的家人，去温暖你的孩子，去改变你家的环境。要知道，**人的状态决定了环境。你心中的善良、无惧、无我、慈悲、真诚就是最好的环境。**

当人的物质层面丰富，精神层面却跟不上的时候，人往往会生病。这个时代物质越来越丰富，交通越来越便利，科技越来越发达，可是不幸福的人越来越多，人心开始变得冷漠，那么多的孩子不愿意去上学，他们自私、冷漠、得了抑郁症。哪里出了问题啊？是我们这颗心出了问题，是我们的教育理念出了问题，是我们的想法出了问题，最终让环境变得糟糕，身处这一环境中的人自然也很难好得了。

家长的思维习惯和教育理念造就了家庭环境

1. 生病的孩子大多有一个生病的家

作为一名家庭教育工作者,我深刻地知道这几年家庭教育出现的问题。很多家庭生病了,很多家庭得了"伴侣病"。近些年,各大城市的离婚率都不低。这个现象背后隐藏着多少家庭的不幸福,多少人在不幸福的婚姻状态下变得不信任爱情、不信任他人了。

为人父母者自己对家庭和婚姻都没有了信念感,又能传递给孩子怎样的价值观?又会如何影响孩子的未来?又会造成多少孩子未来家庭的不幸福?而伴随着"伴侣病"而来的,很可能就是"子女病"。

据世界卫生组织数据显示,2021年全球抑郁症患者累计人数超过3.5亿,中国占1亿多。近年来,抑郁症有明显的低龄化趋势,根据《2022年国民抑郁症蓝皮书》的数据,18岁以下的抑郁症患者占总人数的 30.28%，而这其中 50% 的患者为在校学生。

在日常生活中我们也能发现，身边因为抑郁症状就医的孩子越来越多。**每个生病的孩子都有一个生病的家、生病的环境**。药物可以控制孩子的情绪，但是让孩子生病的、由家长不得当的思维习惯和教育理念造就的家庭环境，哪是药能治愈得了的？**家长只有持续学习，不断改变孩子成长的环境，才是良方**。

2. 为孩子营造良好的家庭环境

孩子的学习潜能十分强大，他们会在成长过程中自动模仿身边人的言谈举止，并在不经意中做出同样的行为，说出同样的话。比如，孩子看到成年人抽烟、喝酒，他们就会认为抽烟、喝酒是天经地义的事。当他们到了可以实施这些行为的年龄的时候，就会自然而然地做出同样的行为。这就是为什么孩子长期处于不良的生活环境中，就很容易养成不好的言行。

家庭是孩子成长最重要的场所，家长必须努力为孩子营造良好的家庭环境，为孩子做好榜样。比如，当孩子学习的时候，家长千万不能当着孩子的面进行娱乐活动。如果家长热衷于打麻将、看电视、玩游戏，却告诫孩子要好好学习，孩子怎么可能听得进去？

很多家长在教育出问题后，总是反问孩子"你怎么会变成这样？"其实根源还在家长身上，是你营造的家庭氛围出了问题。所以，家长们一定要重视家庭环境的重要性，让孩子在好的环境中成长。

附录

教育子女问题解答会

师者,传道授业解惑也。其后的内容我将针对家长们普遍关心的40个问题进行解答,尽最大可能解各位家长的燃眉之急。

附录 教育子女问题解答会

问题1：为什么孩子突然不愿上学了

孩子今年15岁，高一学习半年就辍学在家，害怕考试，害怕名次落到后面，还出现了各种身体上的不良状况，比如出汗、头疼、头晕……刚一开始我们找中医帮孩子调理，孩子不仅没有好转，反而情绪更差了，还开始摔东西。然后我们又带他去做心理咨询，他开始吃抗抑郁的药，吃了五个多月也没有什么好转。今年我们参加了一次"能量智慧"课程，现在孩子不吃药了，精神也越来越好，但是他日夜颠倒，开始玩游戏，不敢与人交流。虽然这半年来，孩子和我们的关系变得越来越好，一般的情况下也不会有情绪，但是他还是不愿意去上学，我们该怎么办？

为什么要把这个问题放到第一个？因为这是一个非常关键的问题，我们从中可以学习如何分析孩子出现问题的根本原因。

这个孩子的父母认为孩子是因为害怕考得不好，名次落到后面，才不上学的，真的是这样吗？其实不是的，孩子不想上学，多半是因为孩子在成长的过程中缺失了独立学习、与人交往的能力及自信心。

很多孩子从小到大，爸爸妈妈过度地关注他们的学业，忽略了他们与人交往的能力。这些孩子往往在小学、初中学习成绩还能不错，但是到了高中，随着学习内容难度加大，孩子在遇到了一两次挫败后，自信严重受刨，精神跟着塌方了。

如果把孩子比作一棵树，他的身体是树干，学习成绩是树上的果实，树根则是他的自信心、自尊心、责任感、生活习惯、自我价值和进取能力等，一旦树根上的东西缺失了，这棵树在遇到问题时就很容易轰然倒下。同样，如果孩子和家长只以学习作为人生唯一的目标，哪怕暂时有好的结果，也很难经受住一点风吹雨打。一旦出现波折，就会对孩子产生难以承受的打击。

我们始终要明白，应首先培养孩子的自尊心、自信心、进取能力、责任心以及好的生活习惯。最重要的是，一定要培养他的逆商，也就是抗挫折的能力。否则他遇到一点风雨、一点伤害或者一点失败，往往就会退缩，这才是最麻烦的。

回到上述问题，首先要恭喜这对父母，因为孩子已经不焦虑了，已经从不好的亲子关系中走了出来。那么，孩子现在的问题在哪里？没有价值感。如果在学校里找不到价值，在爸爸妈妈面前也找不到价值，他就只能到游戏世界里找价值了。

如果想要改变现状，可以尝试这样做：第一要多看到孩子的变化和优点，第二要尽可能多地把他带出去参加一些社会活动。至少准备出两年的时间帮助孩子走出来，千万不能操之过急。有的家长很心急，急着把孩子拉出来，于是使了各种各样的招，结果不仅没帮孩子找回自我价值，亲子关系也破裂了。

这对父母先把亲子关系搞好了，已经迈出了成功的一步。其后，需要慢慢地帮孩子恢复自信，并找到自我价值。

附录
教育子女问题解答会

问题2：孩子的学习心态不好，怎么办

尽管我们全家都从艺博教育的课程里学到了很多好的教育观念和方法，家庭氛围改善了很多，家人的心态也比较积极阳光，但是我觉得孩子对学习依然没有好的感受。她认为自己一定是个差生，总说自己学到的东西将来用不上，学了也没用，也不知道如此坚持的意义到底是什么。她这样的学习心态让我深感无力。另外，我自己也很苦恼，为什么学了那么多、那么久，我的情绪还是管理不好？一遇到事，情绪说上来就上来，很难控制。所以孩子也经常会说："看你学习了这么久，还这么容易发脾气，学了又有什么用？以后不要去上课了。反正你去不去我不管，我是不会去了。"请问，戴老师，我该怎么办？

两个问题都阐述完了，大家有没有发现，一个是孩子的问题，一个是家长的问题，这两个问题本质上是不是一模一样？孩子认为学习了不知道将来往哪儿用，家长认为学习了还是管不住自己，总之就是认为学习没什么用。我们必须明白学习的目的到底是什么。学习的目的是应用，学是学到方法，习是用于生活、用于实践，学固然重要，习更不可少，学而不习，是很难收到成效的。

孩子和家长的问题都出在学习心态上——都认为学了没有用。亲子之间的这种学习心态通常相互投射，更加强双方不相信通过学习就能改变自己的想法。家长是这样的思维模式，孩子也是这样的思维模式，所以无论怎么学，最终的结果都是学不好。

有这样一个公式：学习成绩＝学习心态×学习能力。我们希望通过不断学习提升自己，一步一步地成长，想达到这个目的，学习心态很重要。如果心态是0分，你的学习能力即使有100分，学习的成绩还是0分；如果心态是100分，你学习的能力哪怕只有1分，你都会变成100分。

当孩子学习心态不好的时候，我们就算请最好的老师教他，他也学不好。同时，家长必须明白，你对学习的态度将直接影响到孩子学习的态度，你对学习的认可程度、专注程度、努力程度，将决定孩子的学习程度。

有很多家长一心希望孩子努力学，好好学，可自己平时不愿意学，就像一个孩子跟我说的，"我的妈妈下了一个蛋，孵出了一只小鸡，自己不飞，天天希望我这只小鸡飞，但我只是小鸡，不是雄鹰"。家长一定要记住，你的状态决定了孩子的状态，你的心态决定了孩子的心态。

附录 教育子女问题解答会

> **问题 3：为什么孩子考试前总会生病**
>
> 我儿子现在高三了，特别敏感，一紧张、一着急就容易上火。特别是考前，月考、期中考、期末考都会感冒，上吐下泻。他其实平时学习很认真，不知怎么一到考试就会这样？

这个孩子的这些考前反应，已经不是简单的生理反应了，而是习得性无助。

什么是习得性无助？这是美国心理学家马丁·塞利格曼提出的一个心理学名词。他曾用狗做过这样一个实验。他把狗关在笼子里，只要蜂音器一响，就给狗电击，狗被关在笼子里，躲不了电击。几次实验后，蜂音器一响，在给狗电击前，他会先把笼门打开，狗却不逃走，而是不等电击出现，就倒在地上开始呻吟、颤抖。本来可以主动地逃避，却绝望地等待痛苦的来临，这就是习得性无助。

很多孩子现在都有这种习得性无助，这种反应的背后是什么？是过高期待引发的焦虑。你的孩子现在高三，距离高考差不多还有200来天，他为什么会对每一次考试都有这么大的反应？因为家里人把他的学习成绩看得太重了，导致他害怕出错，害怕失败，害怕被指责，久而久之，他会变得不敢面对挑战，越发没有价值感，不接纳自己。一遇到考试就会出现各种生理不适的反应，这其实是在逃避。

家长一定要提醒自己，千万不要再为孩子的学习过度担心了，因为担心的能量是很低的，担心如同一种诅咒，只要家长表现出过度的担心，孩子往往就会发生一些不好的状况。

一定要多给予孩子肯定。孩子就像球场上的运动员，家长的身份不是裁判，看孩子好了就说他好，看孩子不好就给他黄牌警告；家长也不是观众，在一旁袖手旁观。你要当啦啦队队员，孩子球进了，你要为孩子欢呼，为孩子雀跃，为孩子高兴；孩子没进球，你要为孩子加油，给孩子鼓励。

8~18岁是孩子习惯养成期和性格形成期的关键时期。如果在这个阶段，家长对孩子过分苛求完美，只关注孩子的学习成绩，不让他承受人生中的种种磨难，那么孩子就会变得非常幼稚，依赖性很强。一旦真的产生了这种后果，家长再想锻炼孩子，只会让他在遭受重重打击后变得更加懦弱、不自信。

各位家长一定要记住，放手让你的孩子去摔打，不要对他太担心，不要把他当成温室中的花朵，放心让他去经历风雨。这个时候多受小罪，他将来就少受大罪。前面多苦一点、多经历一点，后面往往能多享受一点，这才是人生。

问题 4：孩子厌学，家长该怎么引导

孩子现在六年级，成绩从一年级到现在六年级一直不及格。他在四年级之前受的批评、指责太多了，以致出现厌学的情况，特别是到今年连作业都不做了。孩子对学习一点都不感兴趣，老师也对孩子有看法，我不知道该怎么引导孩子。

这位家长，现在请你先停止教育，停止引导，也不要着急问该怎么引导。你想一想，孩子从一年级到六年级一直学习不好，说明家长的引导、教育方式是有问题的。

你说孩子之前受到了太多的批评、指责，说明你也在一定程度上意识到了问题所在。如果不改变这种状态，孩子很难好得了，以后问题还会越来越大。所以现在就停止引导，这是目前最适合的教育方式。在错误的路上停止就是进步。错误的教育方式会抹杀孩子的学习兴趣。你必须先停下来，给孩子放松的机会和空间，然后再去学习如何培养孩子的学习兴趣，如何正面地鼓励孩子。

记住，人永远是追求快乐、逃避痛苦的，感兴趣的事怎么做都不累，不感兴趣的事做起来会很痛苦。让孩子对学习有兴趣，才是解决学习问题的重中之重。

问题5：孩子不自信，没有学习目标，家长该如何引导

我是完美型家长，有时候不能同理孩子的感受，和孩子的沟通有障碍。孩子今年上高二，说我给她的压力太大了，她怕考试，一到考试前就睡不着觉，心烦易怒。有时候她去学校上半天课，回来就哭，或者发泄情绪，说自己上课就心烦，听不进去，她总是找理由不去上学，可是在家待着又惦记要去学校。她自己也很矛盾，总说控制不住情绪。

其实她最大的坎就是不允许自己不优秀，但又不想刻苦努力。一半的原因跟我有关系，一半的原因还是学习没有明确的目标。我担心她老在家，时间长了生出惰性，而且她老不想面对失败，会没有抗挫能力。再说，她在家里待着也不开心，也会闹情绪。

我不知道怎么做才能帮孩子建立自信，树立明确的学习目标，引导她变得开朗、阳光。

孩子为什么变成这样？这位家长说一半是家长教育不当，一半是孩子不够努力，有惰性。错了，百分之百是因为家长，完美型的家长。

到今天了，你还不知道她是因为你才变成这样的吗？你想没想过孩子现在变成这样，将来走入社会又会是什么样子？孩子的自尊心受

附录
教育子女问题解答会

到了严重的伤害，没有自信心了，自我价值也彻底被毁了，已经有了焦虑，面对学习已经有了习得性反应。要解决问题，到底应该从孩子身上下手，还是从家长身上下手？

这位家长，你首先要做的，就是把关注点放在自己身上。这个时候你的关注点不应该是孩子上不上学了，她的身心健康才是最重要的。你要让她感觉到这个世界是不恐惧的，这个世界上是有爱的，要让她意识到自己走到哪里都是快乐的，自己在这个社会上是有价值的……这比上学重要一万倍。

在这个社会上，有的人文化水平不高，但依然能够成为一个快乐的、开心的、积极的、对社会有贡献的人；有的人上了大学，却不一定有出息，不一定遇到任何困难都能百折不挠，积极面对。

我希望存在这样问题的家长都醒来，去学习、去改变、去行动吧！这个孩子有没有救？有救，但方式不是逼着她去上学，而是家长真正地给她爱，给她理解，给她安全感，让她能够开心起来。

孩子至少是开心、快乐的，是没有那么多恐惧的，才可能有学习的心思。否则，哪怕他在家长的逼迫下学得不错，等他进入大学、走向社会的时候，他也不敢去绽放自己。到了那时，他这个生命得不到绽放，就只能枯萎衰败了。

问题 6：孩子不学习，也不听劝，家长该怎么做

　　我女儿去年因为学习跟我闹得很不愉快，我让她学，她就不学，最后有一段时间她甚至不去学校，放了寒假就去找同学玩，也不知道他们去了哪里玩。今年我发现她竟然还吸烟，我的心里特别难受，但又不能说，一说她就不高兴。今年她已经上初二了，虽然去学校，但是不学习，每天玩手机。我觉得手机真是个大祸害，但我没法收走她的手机，手机比她的命还重要。我就想知道我怎么才能把孩子引到正轨上？

　　这是一个特别典型的问题。家长和孩子因为学习闹得很不愉快，以至于孩子产生不愿上学等种种行为。我们说过，影响孩子学业的第一因素是情绪干扰，第二因素是基础知识不牢。青春期的孩子一天情绪被干扰，三天都缓不过来；三天情绪被干扰，半个月就过去了；半个月情绪被干扰，这个学期就废了。

　　父母是孩子最爱的人，他们会把所有的寄托都放在父母身上，他们的面子、他们的尊严在很大程度上受父母言行的影响。如果父母总是对孩子说过激的话，和孩子发生冲突，就会严重影响孩子的情绪。

　　我有一个学生，她曾经特别优秀。有一次，她跟她爸爸吵架，她爸爸骂了她一句话："我养了你这么多年，没有想到你是个白眼狼。"这句话深深打击了她，从那以后，她再也不认真学习了，还开始学着抽烟，跟社会上的人喝酒，整天在外面混。

　　亲子关系出了问题，孩子对家长产生了对抗心理，家长再说什么孩子都很难听进去，甚至会和家长对着干。要想孩子回到正常的轨道上，得先修复关系，再谈教育。如果你和孩子的关系是拧着的，那么你不要着急去说服他，更不要去和他讲理。要先讲爱，家是讲爱的地方，不是讲理的地方。先在自己身上下功夫，不要只在孩子身上下功夫。请记住，只要关系是好的，你说的话孩子就容易听进去；只要关系是有问题的，你说的话孩子就很难入耳。

问题7：孩子只为家长学习，该如何鼓励他立志

我们夫妻俩都是单位的领导，家庭条件不错。我们自认为对孩子的教育比较上心，对她学习、生活中的事安排得很妥当，但我们时常觉得孩子对我们的要求很无奈，可她又不会提出反对意见，只是不太配合甚至拖延着不去做。平日里她也不太愿意向我们吐露心声。总感觉孩子只是在为我们学习，而她自己并没有远大的志向，我们该如何鼓励她立志呢？

我认为，孩子出现这样的状况，大概率和父母的日常言行习惯有关。你们是不是把平时在单位的领导式作风带到家里了？

你们太理性了，你们做任何事情都有道理，都有规则，都有规矩。而家是讲爱的地方，不是讲理的地方，你们一直站在非常理性的成年人的角度上，而忘了她还是个孩子，她的心灵还很脆弱。她在你们身上感受到了无形的压力，以致很难找到自我价值，很难找到动力和创造力。

为什么孩子不跟你们吐露心声？因为你们总是说得太多，你们所说的听起来毋庸置疑是正确的，她可能没有机会说，又怎么有机会跟你们吐露心声呢？

很多家长在教育方面都会遇到这样的问题，比如一些本身是老师的家长。为什么有的老师教育不好自己的孩子？可能是因为老师把他所有的爱都给了学生，回到家对自己的孩子就没有耐心了。而且，有的老师哪怕在家里也还把自己当成老师，总觉得别人孩子自己都教育好了，为什么自家的孩子这么难教？有了这样的想法，他们就更难心平气和地面对自己的孩子了。

请各位家长记下这两个字：对位。什么叫对位？就是你的身份要与你所处的场景、你面对的人相匹配。你在学校是老师，回到家里面对孩子时就是家长，不能走到哪里都把自己当老师。你在单位是领导，有相应的职权，但是你回到家里面对孩子时，就不应该再讲权力，而应该用爱和孩子交流，去引导孩子。

当孩子在家长身上感受到的不是压力而是爱时，他才会开始关注自己的需求，做事的出发点才是他自己。所以，要引导孩子为自己学习，立下远大志向，家长应该先改变与孩子相处的模式，要让孩子充分感受到自己是被爱包围着的。

问题 8：孩子目标不明确，如何引导

我女儿今年初二，对自己的目标不太明确、不太坚定，我该如何引导她立志，立恒志呢？

我想问问这位家长，你立志了吗？你的教育的目标明确吗，坚定吗？你自己如果真正立志了，也就不会问出这个问题。一个孩子走到今天，目标不明确、不坚定，根源还是他的家长就没有明确的目标，没有坚定的信念。并且，家长还极有可能没有跟孩子说清楚为什么要上学，平时给孩子的多是批评和指责，导致孩子的内心出了问题。

这类家长要记住，对于你自己都做不到的事，你怎么能强求孩子做到呢？请这位家长现在开始立志，力争做一名优秀的家长，你的孩子才有可能以你为榜样，开始明确目标，立下恒志。

附录
教育子女问题解答会

问题 9：孩子连高中都没考上，怎么办

　　我和爱人结婚 16 年，家里有两个孩子，老大 16 岁，老二 4 岁。我俩都来自农村，家庭经济跟不上，老大从小学起成绩就是中等，上初中后沉迷网络。去年中考考上了技校，但是他又不喜欢自己现在的专业和学校。

　　孩子上技校，却准备这么混下去，将来可怎么办？我作为他的妈妈，该怎么去帮助他？大家都在说教育需要投资，可我们给不了孩子好的教育环境，这种境况，怎么才能让孩子突破原生家庭的天花板呢？

　　首先我要说的是，这位妈妈的信念出了问题。照你这么说，那些农村的孩子是不是将来都没有成就了？其实有不少成功人士都出身农村，他们家庭条件同样不好，但他们一心想通过努力改变现状，因为有了这个信念，反倒更容易比其他人成功。相反，不少城市里家庭条件不错的孩子不一定能获得家长期待中的成就。

　　此外，我认为好的教育环境，物质只是其中一方面，家长对教育的看法、对孩子习惯的培养、以身作则的程度等，才是教育环境中重要的组成部分，会对孩子产生深远的影响。你单纯把教育环境局限在物质方面，太狭隘了。而你这样的想法也会让你的孩子养成错误的金钱观、价值观，片面地认为自己学的专业不够热门，以至于将来找不到好工作，过不了好生活，从而丧失努力的动力。

你的家庭境况不是孩子人生的天花板，你的信念才是。孩子上技校就没有未来了吗？专业决定工作吗？专业决定未来吗？5年以后，10年以后，就业形势或许会和现在很不一样，现在社会发展太快了。

单纯地学习并不能改变命运，单靠学到的知识也很难改变一个人的命运，学习能力和学习习惯极大地影响着一个人的命运。如果你总和孩子说"学不好就没有好未来"，这种底层教育只会让你的孩子认为自己没有好的未来，他就算考上大学多半也会浑浑噩噩。家长任何一个负面的行为或者负面想法都可能让孩子陷入他这一生都无法挽回的境地。

家长的心态、眼界、理念，是孩子最重要的教育环境。不少家长给孩子找最好的补习班，找最好的老师，希望孩子考最好的大学，认为这些就是好的环境，这其实是对教育环境的一个误解。在你的意识里，孩子考上技校就没有好的未来，这个负面的想法导致了你的孩子错误的认知，从而让他产生了一系列消极行为。

记住，你要先改变自己的观念，用积极的心态去影响孩子，他才可能有一个不错的未来。

附录
教育子女问题解答会

> **问题10：孩子都考上大学了，却想退学，怎么办**
>
> 我的儿子刚上大一，是计算机专业，上了两个月就要退学，说不喜欢这个专业。孩子自小不太喜欢数学，但是成绩还不错。他一心想学小语种，高二分文理科，在班主任和我们家长的劝说下选择了理科，高考时填报了现在就读的大学，虽然考上了，但他很不满意，认为这一切都是按我们的要求选择的。现在孩子要退学，我们不知道该怎么引导，请戴老师给予指导。

你们辛辛苦苦把孩子培养到大一，他只是因为不喜欢这个专业，才上了两个月就要退学，这看起来确实让人心疼。但我们还是首先要明白孩子上学的目的、动机到底是什么。可以看到，他学习只是为了自己，他连接的系统太小了，所以他只愿意做自己喜欢的事，面对不喜欢的事，自然会选择退却或放弃。

为什么会这样？看起来，在他成长的过程中，你们应该是一直左右着他的各种选择，也就是说他从小就被父母控制着。或许他一直想要挣脱控制却无力对抗父母的强势，直到上了大学，他觉得自己长大了，可以和父母对抗了，这才做出了反抗的行为，以退学的方式表达长期以来内心压抑的不满。如果任由他这样下去，今后只要是他觉得不如自己意的事，就不会主动去承担责任。

家长们要记住：不要用爱的名义去绑架孩子，孩子自己的人生需要他自己参与决策。

如果家长什么事都代替孩子做决定，甚至违背孩子的意愿，孩子就会觉得自己被管控，从而生出叛逆之心，做事不再考虑应不应该，而只顾自己喜欢不喜欢。一旦孩子不愿意去做自己应该做的，只愿意做自己喜欢做的，那他就会慢慢变得自私自利，成为一个精致的利己主义者。

我觉得你们现在最需要做的是让孩子承担起责任，一定要让他明白，哪怕你们同意他退学复读，也不是对他反抗情绪的妥协，而是把人生的选择权交还给他，支持已经长大的他负起责任。他也是这个家庭的责任者，是这个社会的责任者，他的选择不只是为了自己的一时意气。而且，如果复读后没有考上他心心念念的小语种专业，他也要自己承担后果，不能自暴自弃。

你们要跟孩子讲清楚，"爸爸妈妈尊重、支持你的选择，但是你要想清楚，退学是真的想重新来过，还是只想和爸爸妈妈对抗，更要想清楚，退学之后的打算是什么"。如果孩子真的想清楚了，也有了后续的规划，你们不妨支持他的决定，让他尝试为自己的人生做决定，对自己的人生负责。

问题 11：孩子不适应学校的环境，是不是换一个学校就好了

女儿今年读高二。她高一时所在的高中不太好，她几次跟我提到学习环境差，让她没有办法好好学习，为了不影响她未来考音乐学院的梦想，我们帮她转到了一所管理挺严格的私立学校。这所学校每天学习的内容安排得特别紧，而她因为初中的知识掌握得不扎实，学习跟不上，每次考试都是倒数第一。我和孩子说成绩差一点没有关系，只要努力地进步就好了，但孩子的爸爸只关注孩子的成绩，经常骂她。

我想找一个辅导老师帮孩子提高数学成绩，可她不想找，并表示只能听懂她表哥讲的课，而她表哥又在外地上学，没有办法及时帮助她。我也帮不了她。请问老师，这种情况我该怎么做更加适合？

从这位妈妈的描述中，我看到有四个主要问题，下面一个一个分析。

第一个问题是爸爸脾气不好，老爱批评孩子。0~7岁是孩子的智力发育期，8~12岁是习惯养成期，13~18岁是性格形成期，而孩子有很多问题可能在其13~18岁才会暴露出来，因为这与性格有关。在这个阶段，孩子与人交往的能力、与自然和解的能力、与自己沟通的能力、与人表达的能力等方面可能存在的问题都会明显地暴露出来。如果这些问题得不到解决，孩子就会不适应所处的环境，容易受到伤害。

而孩子的爸爸脾气不好，会让情况变得更糟。在亲子关系不好的情况下，家长关注孩子的什么方面，孩子的什么方面就可能变得糟糕。你们的女儿在家里不快乐，因为她只感受到家长施加的学业压力而得不到心理层面的关怀；在学校也觉得很压抑，因为她学习跟不上，处理人际关系的能力又不够。这时只想着让她提高成绩是不现实的，得先解决她与自己沟通、与环境沟通方面的问题。

对于孩子的教育来说，学习成绩不是第一位的，孩子在任何环境下都能与人和谐相处的能力才是最重要的。如果这个问题解决不了，家长就想解决其他的问题，是很难实现的。只考虑孩子的学习能不能跟上，将来能不能考一个好大学，反而难以获得好的结果。哪怕孩子真的考上了好的大学，也不一定就会有好的未来。我见过太多的大学生，融入了社会环境，脱离了父母的庇护，最后大学也上不好。

第二个问题是孩子学习跟不上，抱怨是环境造成的，你们想尽办法给她换了一个比较好的、管理比较严格的学校，目的是让她提高成绩。可她在这个环境中也不适应，甚至因为严格的管教而感觉更糟糕了。为什么会这样？因为你们只是听孩子的描述就做出了决定，并没有认真分析孩子适应不了学校环境的真正原因。你们只想赶紧让孩子提高成绩，却忽视了让孩子增强适应能力才是最重要的。如果不弄清楚孩子为什么不适应，又怎么能找到真正适合孩子的环境呢？你们这种简单的做法对孩子而言不是爱护，反而是伤害。记住，适合孩子的才是最好的。

第三个问题是孩子不愿意面对补习老师，这多半因为孩子对成年人、对老师长期充满着恐惧，这或许也是孩子学习成绩比较差的原因之一。你们没有了解到孩子的这种恐惧心理，反而给她找了一所管理更为严格的学校，把本来就不太能适应陌生环境的她放进一个更严格的环境中，相当于把还没有学会游泳的孩子扔进深水区，想让孩子在这样的状态下提高成绩，是不现实的。

为什么孩子能接受表哥帮她补习？这说明她渴望与同龄人交流。如果你们能帮助她在学校里与同学建立好的关系，或许她就不会再排斥上学，慢慢地也就能适应学校的环境了。

第四个问题其实不算问题。孩子喜欢音乐，说明她还有一个不错的理想，这是非常幸运的。

每个孩子在成长过程中都要建立八项智能，这八项智能分别是：语言智能、数理化逻辑智能、空间智能、运动智能、音乐智能、人际交往智能、自我认知智能和对自然的认知智能。

从你的描述中，我想你们的女儿有一项智能应该是很好的，即音乐智能，她有一个梦想——上音乐学院，你们可以在这方面帮助她有所发展。建议你们努力地提升她的音乐特长，因为这是她喜欢的一个点，也是她最强大的心理支柱，如果这项智能再没有得到支持和发展，她的内心会完全崩塌。

对孩子而言什么是最重要的？他的自尊、自信、责任、进取能力、自我价值，是否快乐、幸福，身心是否健康……如果这些东西家长没有搞好，眼睛只盯在孩子的学习上，那孩子的学习、生活往往就会出现问题。

> **问题 12：孩子在学校表现不好，该怎么帮他**
>
> 我儿子今年 14 岁，学习习惯和生活习惯都不好：没有时间观念，在课堂上不守纪律、话多，在学校和在家都以自我为中心，老师和同学都不喜欢他。他在学校没有朋友，我还经常被老师请到学校去。我学习了"教育子女的 8 大智慧"课程，但不知道怎么教育引导他，请老师指教。

这位家长学习了"教育子女的 8 大智慧"课程，却不知道该怎么引导孩子，可见你的学习是有偏差的。

不是说学了什么就能解决什么问题，因为学了不代表会用，知道怎么用才是最主要的。为什么孩子在课堂上不守纪律、话多？因为他没有安全感，自我价值缺失。那么，他为什么没有安全感？是不是因为他在家里经常被控制、被教育，经常听道理，没有真正得到爱？他为什么没有价值感？是不是因为他没有得到过正面的鼓励和确认？

请问这位家长，你爱你的孩子吗？你觉得你的孩子有问题吗？你应当清楚，你的态度和你对孩子的看法会对孩子造成很大影响。

不管别人怎么评价你的孩子，你都必须无条件地欣赏你的孩子，无条件地爱他。当他发现自己被无条件爱着的时候，他就有价值感了，这个价值感可以让他产生自我驱动力，从而自动自发地改变。不要一直把他当作一个有问题的孩子，其实你现在还认为他是有问题的。你得先改变观念，不要老盯着他的问题，不要在解决问题上下太多功夫，你要找到他一个好的特点，不断放大这个优点，让他知道你是喜欢他、欣赏他的，慢慢地他就会去校正自己不好的地方了。

很多家长都容易进入一个误区：对孩子做得好的地方视而不见，认为那是理所当然的，而在孩子做得不太好的地方上没完没了地纠缠。最后，不管是家长还是孩子，都会忘掉孩子本身的好，以至于孩子在长时间的负面强化中变得越来越差。

问题 13：孩子在学校总受同桌影响，怎么办

我的孩子很自律，学习也很好。这学期班里调座位，老师给他安排了一个习惯不好的同桌。孩子说同桌影响他听课，还经常毁坏他的东西。老师让孩子自己和同桌沟通，可处理完一次，还有下一次。请问我该怎么引导才能让孩子不受别的孩子的不良影响呢？

我不知道作为家长，你是怎么看待这个问题的。如果我的孩子跟一个学习不好、习惯不好的同学成了同桌，一般情况下我会告诉他：这是你最好的种种子的时间，你终于有一个能帮助别人进步的机会了。这样的好机会不多得，你一定要把握住。因为一个人变得强大的真正目的通常只有一个，就是能帮助别人，这也是强大的真实意义。

孩子很容易受外界影响，可能是因为他的分别心太重，这多是受了家长潜移默化的影响。在他的人生世界里有一个不客观的评判标准，让他少了宽容之心，容易挑别人的毛病。一个人没有宽容之心，就难有善良之心和平等之心，这是很可怕的。如此一来，遇到比他弱的人，他会心生傲慢，看不起对方；遇到比他强的人，他会自卑、嫉妒。

引导孩子有责任心，懂得担当，愿意帮助弱小，才是教育孩子向好的方向发展的关键途径。孩子如果没有责任心，哪怕成绩再好、学历再高，往往也会成长为一个自私自利的人。如果他有责任、有担当、

附录
····教育子女问题解答会

有爱心,那么他一定会成为一个社会价值很高的人。

回到这位家长的问题,怎么引导孩子不受影响?请问,一个学习不好的孩子和一个学习好的孩子,谁的影响力应该更大?按照常规来看,学习好的孩子通常具有更强的领导力和影响力才对。如果你的孩子被成绩不好的同学影响了心态,说明他的心智还不够健全,不够强大。

成绩好、习惯好的孩子,已经不需要通过学习找自信了,通常更应该从责任和担当中寻求自信和不被别人影响的定力,甚至是影响别人的能力。我特别建议你鼓励你的孩子多去帮助同桌以及其他需要帮助的同学。孩子会在帮助他人的过程中,渐渐发现别人影响不了他,他却可以正向地影响别人。这会促使他成长为一个有责任心、有领导力的人。

> **问题 14：孩子为什么不敢和老师、家长交流**
>
> 我女儿现在四年级，在学习上遇到的问题从来不主动问老师和家长，不会的题宁可不做也不问，说她不敢问。她性格比较内向，心里有事也会藏着掖着，有了委屈偷偷在夜里哭。我作为她的家长，应该怎么和她交流？

孩子为什么不敢主动问老师、问家长？她在成长的过程中经历了什么？一定是经历了恐惧和害怕——得到的爱太少，批评太多。所以当你提出这个问题的时候，你要先问自己做了什么，会把孩子变成这样。

这样的孩子我见得太多了，每一次我开办的英雄营、少年营里都有这样的孩子。一些孩子经过训练营的生活，情况会慢慢变好，但其中一些孩子回家一段时间后又故态复萌，为什么会这样？就是因为家长没有改变。有的家长经常管不住自己的嘴，脸上老是没有笑容，也很少和孩子有亲密的肢体接触，慢慢地孩子就和家长疏远了，甚至害怕家长。

我曾经接触过一个男孩，他上课从不听讲，动不动就跟别人打架，最初他跟我接触的时候，甚至是瞪着我、敌视我的。经过了解，我得知他父母对他要求很严格，不管什么事都要求他做到完美，哪怕满分 100 分的卷子他考了 95 分，也会被批评。他从小就在批评声中长大，开始的时候怕自己做得不好，结果越怕就越容易犯错误，越犯错误就越会被批评，慢慢地他觉得这个社会是可怕的，开始放弃了努力，放弃了自己，还对身边的人都充满敌意，他认为只有这样自己才能不再受伤。

总之，孩子恐惧老师、恐惧家长，有事不跟大人说，就是因为他觉得大人是不可以信赖的。所以如果孩子出现这种问题，家长要先反省自己的言行，改变与孩子相处的模式。

问题 15：孩子总爱打人，怎么教育

　　我家孩子是个女孩，现在已经两岁半了，她跟小朋友相处不愉快就抓人、打人。每次我都会告诉她打人是不对的，可是我越这么说，她反而越要抓要打。我该怎么教育她呢？

　　家长首先要明白，两岁半的孩子抓人、打人，多半不是故意的，是因为她觉得不安全，所以才做出了攻击性行为。

　　为什么她会感觉到不安全？你的后面一句话是这么说的，"每次我都会告诉她打人是不对的"。其实你这么说是没有用的，因为"不"在教育上没有积极意义。比如，"你不要闹""你不要不听话"，家长这样说反而强化了孩子的负面行为。

　　可以试一下，现在不许去想你家的冰箱，请问你想到你家冰箱了没有？不许去想你家冰箱打开，里面有一个苹果，请问你是不是反而想到了苹果？

　　对于两岁半的孩子而言，讲道理是起不了多大作用的，因为她听不懂你说的道理，不如多给她一些关怀和拥抱，或者在她做对事情的时候多给她一些赞美。

　　不少家长经常会这样做：只要孩子一犯错误，或者做了不符合家长心意的事情，家长就开始说教。这很容易让孩子丧失安全感，进而产生攻击性行为。

怎么能让孩子有安全感？多给他正面的确认和引导。孩子做了正确的事，做了好的事，家长要及时表扬他。比如，他控制住情绪，没有打人、抓人的时候，家长一定要表扬他。慢慢地，孩子就知道做什么对，做什么不对了。请记住，一味地批评、说教，只会让孩子没有安全感，让教育适得其反。

总结一下：第一，要给孩子足够的安全感；第二，不要再去批评、说教，更不要再随意对孩子说"不"。

问题 16：怎么让两个孩子和睦相处

我有两个孩子，一个 9 岁，一个 4 岁，姐妹俩总是吵架、抢东西。我教姐姐做作业，妹妹会来闹，要我抱，要拿姐姐的东西，姐姐会觉得妹妹吵，要她出去。我如果陪妹妹，姐姐就会怪我总和妹妹睡不陪她。我给妹妹讲故事，姐姐就偷偷过来听，妹妹会闹，不让姐姐待在旁边。如果我请姐姐给我们讲故事，要么姐姐不乐意，要么妹妹不想听。

我老公是做建筑工程的，经常不在家。我希望老师给我一个方法，怎么分配陪伴两个孩子的时间？怎么让孩子之间不再争吵，和睦相处？

首先我要说这位妈妈，你太关注孩子了。请问你自己有兄弟姐妹吗？你们小时候在家里有没有矛盾？我相信一定有矛盾。那么孩子们闹起来的时候，你们的父母是怎么做的？只要不太过分，都由着孩子们自己去闹，闹着闹着矛盾就消失了，对不对？

其实最简单的方法就是鼓励姐姐带妹妹玩。家长别当裁判员，别想着两边一定要平衡。她们自己玩着玩着、闹着闹着，就有感情了。如果你在中间当裁判，给这个多了给那个少了，反而让她们都以你为中心，不能以对方为中心了。所以你应该当啦啦队队员，妹妹做好了你鼓励妹妹，姐姐做好了你鼓励姐姐，但不要批评另外一个。如果两个都错了,就一视同仁地批评,让她们知道不管谁告状,两人都要挨批评,这样就没人热衷于告状了。如果谁蛮横无理,那你必须批评她。

你把这两个孩子放到一起,不要怕她们闹矛盾,放手让她们相处,看看能怎么样。你也可以对姐姐说,"你看你太棒了,把妹妹照顾得这么好,你都能替妈妈分担责任了",老大有了价值感,或许就会学着爱妹妹,久而久之,妹妹也能体会到姐姐的爱,两个孩子就能越处越好。

两个孩子本来可以相互培养感情,你非要夹在她们中间,既想对这个好,又想对那个好,怎么可能呢?把她俩的关系交给她们自己处理,你不要再参与其间了。你越掺和,姐妹俩就越不平衡,都向你索爱,反而会加剧相互之间的矛盾。

问题 17：怎么让孩子远离校园暴力

戴老师你好，我的孩子今年 10 岁。两周以前，孩子无意中在教学楼的走廊里看到一个高年级的学生欺负一个低年级的学生。他试图上前阻止，那个高年级学生当时就掐住我家孩子的脖子，警告他不许去告诉老师。

后来班主任老师给我打电话，说孩子跟人打架被掐吐了，但也没讲具体的原因，我还想再问一下细节，可老师说他现在正在忙，就把电话挂了。我当时既伤心又愤怒，觉得孩子在学校连最起码的人身安全都没有办法保障，受了委屈，老师也不上心主持公道。等孩子放学回家，我问清了缘由，安慰他过后，我自己却陷入迷茫。孩子在学校里，我要怎么做才能够保护他？

我们首先要认可，这个孩子是一个非常善良的孩子。我们做家长的要明白一件事，一定要让孩子敢向你说他在学校里发生的所有事情，这是非常重要的。有些孩子可能在学校里面受了委屈，受了伤害，但不一定敢跟爸爸妈妈说，说明家长和孩子的沟通方面出了问题。

回到本问题，如果是我遇到这样的情况，我会主动去找打人孩子的家长，我要帮助他们找到教育子女的正确方法，这样既能保证我的孩子未来不被这个孩子欺凌，也帮助学校和其他学生解决了一个麻烦。如果你能够上升到这个维度，能把一个伤害别人的人当作你要去帮助的人，那你的格局就打开了。

　　同时，我们也需要正面确认我们的孩子。比如，如果是我遇到这样的问题，孩子又不主动说，我就会先问孩子："你今天在学校里被人欺负了，听说有人掐了你的脖子，把你都掐吐了，是这样吗？"孩子这时会很委屈，可能会哭。等到孩子情绪平复之后，我说的第一句话是："孩子，爸爸太为你骄傲了！"孩子可能会说："爸爸，你为什么要为我骄傲？我挨打了。"我会告诉他："你是为了阻止别人被欺负，而且你没有还手，这说明你是一个善良的孩子。你想想，别人欺负了你，我的心很疼，我都哭了。如果你欺负了别人的孩子，别人的家长也会很难受。可打人的孩子不明白这个道理。你希不希望帮助打人的孩子，让他不要再去欺负别人？"孩子表示赞同，我就告诉孩子："我准备去找这个孩子的家长，跟他们交流一下，让这个孩子学会善良，不要再打别人。其实他是一个很可怜的孩子，他没有受到正确教育。"

　　紧接着，我要问孩子，为了将来不要被别人再欺负，或者能保护那些被人欺负的人，他要不要加强锻炼身体？要不要去学学篮球、跆拳道？孩子因为自己被伤害了，他有很大的可能会选择锻炼身体，让自己将来不再被人欺负，还能尽可能地保护更多的人。这个时候他可能会说："我喜欢跆拳道。"那么，可以带他去报一个跆拳道训练班。

　　至此，这个问题在这个过程里得到了转化，不仅让孩子从被欺负的委屈中走出来，还促使他努力变得强大，变得有责任感。当把孩子引导成一个责任者时，孩子的志向就被唤醒了。

此外，我们还要让孩子明白：不欺负别人，但也不能随随便便被别人欺负。

遇到任何问题的时候，先把能量提升到勇敢的层面上来，如果总是担心、恐惧、焦虑，我们只能遭遇更多令人担心、恐惧的事。如果我们能用正确的方法去引导，往往就能把坏事变成好事了。

附录 教育子女问题解答会

> **问题 18：怎样引导孩子对错题做总结**
>
> 我女儿上五年级，检查她的作业时我发现她不会对错题做总结。比如英语老师布置了39道题，她第一次做错了20道，老师讲过之后，她进行了改正，我问她改的时候还有做错的或者不会的没有，她说有。我问她把这些题做记录了吗，她说没有，都已经忘了是哪些题了。我告诉她不对错题进行记录、总结，做题就失去意义了，可她对此无动于衷。我想问老师，孩子不会总结，家长该如何引导？

通过描述可以看出，你的孩子学习确实缺乏主动性，那么你的做法是否合适呢？

39道题，孩子做对了19道，你要求她把剩下20道题全部记录下来，这个行为有没有错？没错。问题出在哪里？问题在于你没有看到还有19道题是对的，你没有对孩子做对了19道题加以鼓励。孩子应该被鼓励、被欣赏，家长关注什么方面，就会强化孩子呈现出什么方面。家长经常看到孩子的优点，孩子表现出优点的时候会越来越多，表现出缺点的时候就会越来越少；家长经常看到孩子的问题，孩子的问题就会越来越大。

很显然，你的孩子在学习上没有主动性，很大一部分原因是她被苛责得太多，被鼓励、欣赏得太少了。要想增强她的主动性，你首先要给她正面的确认。

哪怕39道题中孩子做错了38道，你也一定要先看到她有一道题是做对了的，"这么难的题你都做对了，真是太棒了！我相信只要做好总结，别的题你也会做对的！"只要找到了做对题的快乐，孩子就会主动想办法让自己做对更多的题，也就会越做越兴奋，越做越有兴趣。但是如果你只盯着孩子做错的地方，她每做一道题都会害怕出错，越怕就越错，越错就越不敢做，越不愿去面对，也就很难会主动总结得失了。

附录 教育子女问题解答会

问题 19：孩子的小缺点特别多，该怎么让他改正

我家孩子有很多缺点，比如说话不加思考，总喜欢信口开河，引起同学之间的矛盾；做事情总是半途而废，不能持之以恒；不会与人合作，不会与人和睦相处，总是用一些特别的动作来吸引别人的注意力。不知道怎样才能帮助他改掉这些缺点？

看到这个问题，我想先问问这位家长，你的孩子身上有没有一个优点被你看到了？我只能说一点，你的孩子今天能够变成这个样子，都是你负面确认的结果，因为你总看孩子的缺点，没有看到他的优点，导致他没有价值感，导致他的人际关系不好。

为什么他总是信口开河？因为他缺乏自我确认，没有被认同感。为什么他搞不好人际关系？因为他在家里得不到重视，在外面想让别人重视他，所以可能会采取一些极端的方式，从而招致反感。

要想让孩子变好，首先要改变自己对孩子的看法，多发掘孩子的优点，多鼓励他、肯定他，让他有安全感，帮他找到自我价值。心态对了，孩子就会向阳而生。

> **问题 20：怎样让孩子做事认真起来**
>
> 我女儿上五年级，在家喜欢撒娇，特别喜欢跟家里人讲条件。她学习不认真、不主动，每天都要家长催促才能写完作业，写得也很马虎。不只做作业，她对待任何事情都不认真。
>
> 我最近跟着一位专业讲家庭教育的老师学习了一些相关方法，但学了还是不会用。我们夫妻之间沟通不畅，思想也不统一。请教老师，我现在该如何做才能改善？

这位家长说"学了还是不会用"，问题出在哪里？事实上，如果你认为学了就会用，那么问题出在你的信念上。因为学习之后需要反复实践，才能灵活运用。你一次不会用，就试十次，十次不会用，再试一百次、一千次。绝对不能学了不会用就不再尝试，要一直尝试，直到会用为止，这是第一步。

那么，如何改善现状呢？首先你要知道，你的女儿比较爱撒娇，没什么主动性，说明什么？说明你们之前做的一定是陪伴式的教育、溺爱型的教育，或者是控制型的教育，让她养成了对你们依赖性。你们一直对她不放心，给她的鼓励和正面确认太少，带着条件的爱太多，这样的爱其实对她是有害的。同时，你们的夫妻关系不好。记住，夫妻关系决定亲子关系。有很多夫妻天天在家里吵架，还想让孩子听话，这怎么可能呢？

所以,你们先把夫妻关系搞好,再帮孩子改善。这绝对不是三五天的事,而是一个持久的过程。你学了几堂课就说自己不会用,其实你也是不认真的,就像孩子学知识一样,多做练习才能掌握学习方法,所以你也要不懈地练习。

不要再说"学了不会用",先搞清楚你是谁。你有一个身份是爸爸或者妈妈,你要通过自己的言行去影响孩子。当孩子感受到你的认真、你的坚持时,她也会做出改变的。

> **问题 21：孩子做事磨蹭，怎么引导**
>
> 我儿子今年 10 岁，每天早上起床，不管天气冷不冷，他都要裹在被子里穿衣服，要穿好久。周末起床更是磨蹭。我用过好多办法都不管用，怎么才能更好地引导他呢？

这位家长在问我这个问题的时候，我就要问你了，你们是怎么把一个男孩教成这样的？让孩子做事拖延的原因往往只有一个，就是家长唠叨得太多，替代得太多，担心得太多，照顾得太多。孩子为什么会慢？你经常对他说，"快一点，来不及了""要迟到了，你怎么这么磨蹭"……不停地唠叨，只会强化孩子的慢动作。建议以后早晨起床，特别是刚开学的那几天，他慢就由得他慢，你们不要再催他了，让他迟到两次，让老师批评他。这样坚持几天，如果他能意识到自己的问题，并能努力加快速度，那么哪怕他只快了一点点，你都要鼓励他："我发现你今天比昨天快多了。"慢慢地你会发现，他真的一天比一天快了。

这里我再延伸地说一下。很多的家长不知道怎么才能让孩子有动力，其实孩子的动力主要源于家长的鼓励。孩子如果这次数学考得不好，通常你会看到他做对的题，还是做错的题？我想多数家长会看到孩子做错的题，并且会说，"这么简单的问题你都能做错"，结果孩子越来越找不到胜任感了。如果家长看到的都是对的题目，并能鼓励孩子,"这么难的问题你都做得这么好,你真的是太棒了,我发现你的数学越学越好了",孩子受到鼓励,就会有继续努力的动力。

再比如,孩子写字,很多字会写得不好,但也总有几个好看的字,一般家长会指着孩子写得不好的字说,"你这几个字能不能认真写,就像狗刨的一样",这只会让他的字越写越差;如果家长能找出他写得还不错的字,对他说"这个字你写得比爸爸都好,能不能教一教爸爸怎么写的",他之后就有可能认真地写好每一个字。

所以,家长要学会和孩子正向沟通,也要积极确认孩子做得好的地方。

> **问题 22：孩子不爱参与家务劳动，怎么引导**
>
> 　　我儿子上五年级了，平常不愿意做家务，不体贴妈妈。可能以前我包办代替太多了，现在有时候想让他做点他力所能及的事，他就是拖延着不做。有什么方法能够引导孩子喜欢劳动，心里有他人呢？

　　这位妈妈说了一句话很有意思，"可能以前我包办代替太多了"，其实应该把"可能"这两个字去掉，你必须知道就是你代替太多，才导致孩子比较懒，不愿意付出，没有责任感，没有担当。须知四个字：母勤儿懒。

　　一般来说，爱劳动的孩子比不爱劳动的孩子动手能力、学习能力更强，以后在职场中更容易成功，婚姻生活也更容易幸福。我这么说是有一定道理的。比如，如果你的孩子是个男孩，将来要找媳妇，我相信你不会希望儿子找一个不爱劳动的女孩吧？如果你家是个女儿，你也不愿意女儿找一个不爱劳动的丈夫吧？甚至，如果你是企业老板、单位领导，你也不希望企业里有一个只会说不愿意做的员工吧？

　　孩子为什么懒？因为家长经常帮他做事，还以他学习太忙了为借口为他开脱。久而久之，孩子习惯了什么都不做，还认为这是理所应当的。孩子学习的目的是什么？是将来走入社会，他有动手能力、思考能力、做事能力，能让自己在这个社会上生活得更好。家长什么事都包办代替，结果往往是辛辛苦苦地养大了孩子，到头来他却什么事都不愿做、不会做，丧失了最应该具备的动手能力。请问，他步入社会以后能干好工作吗？如果将来结了婚，整天和伴侣为了谁做家务吵架，他的婚姻能幸福吗？

孩子懒怎么办？两个字——放手。你用了11年把孩子变成一个懒孩子。现在你也需要给孩子和自己一些时间，通过不断地放手、不断地鼓励、不断地正面确认、不断地欣赏，让他从习惯不做事转变为愿意做一些事，进而发展到能主动做事，最终成为一个勤快的、体贴的人。

问题23：孩子丢三落四怎么办

我儿子今年上小学三年级，平时做事比较拖拉，丢三落四，放学回家之后不是落了语文书、数学书，就是落了作业本，作业也没有办法完成。我反复提醒也没用，第二天他照样会落东西，文具也经常丢。请问这该怎么引导？

0~7岁是孩子的智力发育期，8~12岁是习惯养成期，13~18岁是性格形成期。9岁的孩子正好到了习惯养成阶段，需要家长重点关注孩子的习惯养成。在这一阶段，最怕的就是家长们见孩子没有养成好习惯，就给孩子定性。

当你给孩子定性成一个丢三落四的人时，他就会慢慢形成一个信念，给自己一个身份：我是一个丢三落四的人。

想一想，在孩子刚开始学说话的时候，我们需要干什么？我们需要有耐心地引导他学说话，而不是说他是个不会说话的孩子。帮助孩子养成习惯也是同样的做法，光和孩子讲道理没有用，批评孩子丢三落四更会起到负面作用。习惯的养成，需要反复不断地正面确认，你要善于发现孩子做得好的地方，找到他的优点并不断地表扬他。孩子因为得到了表扬，感受到了快乐，自然就愿意继续努力，做得更好。

快乐感对于孩子而言，是非常重要的做事体验。人永远是追求快乐，逃避痛苦的。当他发现做一件事是痛苦的，他就会逃避，不愿努

力了。这一点在孩子身上表现得更明显。

  同时，一个三年级的小学生，做事稍欠条理性，容易忘拿书本、作业，这其实是正常的。孩子毕竟还小，不可能像成年人一样做事周全，更何况有的成年人还会丢三落四呢。所以，你要有耐心，通过正面的方法引导孩子养成好习惯。不要老批评你儿子了，多给他鼓励和表扬，让他有胜任感，他就会愿意努力把其他做得不太好的地方也慢慢做好。

问题 24：怎样让孩子不为了奖励而自愿做事

以前，为了鼓励孩子劳动，在孩子做每一项劳动的时候，我都会奖励他一定金额的钱，但自从听了戴老师的课，看了《觉醒父母：教育子女的 8 大智慧》以后，我认识到奖励的方法可能会带来一些问题，比如以后所有的事都要用交换的方式让孩子去做，所以希望改变这种鼓励方式，但孩子现在已经是没有奖励就不做了的状态。上个星期我让他扫地，他要 4 元，而这个星期他就要 6 元。我不想再用钱鼓励他做事，但又不能强迫他去做，该如何引导呢？

这位家长所谓的鼓励方式，不叫鼓励，而叫交易。

家长们要知道，所有带条件的爱都是阴谋。为什么？你跟孩子只要有了交易，你让他做什么，就必须给他什么，你不给他就不做。你和孩子之间已经没有多少责任，没有多少爱了。在孩子眼中，他考 100 分爸爸给他买什么，做到了什么妈妈带他吃什么……如果孩子养成了这样的心态，那他将来走入社会怎么办？工作了怎么办？"不给我加薪，我就不干了！"将来结婚了，总和伴侣计较谁干得多，谁干得少，婚姻能幸福吗？跟朋友之间也总是交易关系，友谊能长久吗？

孩子的欲望一旦被调动起来，认为自己为别人做事情，别人就必须给自己些什么，那他很难成功，也很难有好朋友，收获实质的爱。

附录
教育子女问题解答会

你认识到了问题的严重性,这非常好,接下来该怎么办?你先反其道而行之,跟孩子谈:"既然你干什么都问我要奖励,那么我为你做什么,你也得给我奖励。比如我给你做一顿饭你得给我多少钱,我给你买一件衣服你得给我多少钱。"孩子有可能会同意,也有可能不同意。如果他不同意,就是你的契机,这个时候你要真诚地向孩子道歉,可以这样说:"妈妈以前不懂得教育,我现在知道了,爱是精神的,不是物质的,爱是要由被爱者感受到的,爱是不能谈条件的,谈条件就是阴谋。所以妈妈从今天真诚地告诉你,我要重新爱你,妈妈爱你是不求回报的,而你为这个家做的一些事,也是你对这个家庭的爱和责任。"

真诚地跟孩子道歉,真诚地跟孩子交流,重新制定规则。如果孩子不愿意做,那你宁可不让他做,也不要用物质奖励去刺激他。否则,很可能你辛辛苦苦把孩子养大,却发现他已经变成了一个索取者。他会认为这个社会是欠他的,家庭是欠他的,父母是欠他的,一旦想要的东西求而不得,他就可能变成一个施害者了。

> **问题 25：孩子是过敏性体质，不让他吃零食，有错吗**
>
> 我儿子是过敏性体质，有过敏性鼻炎，因此在饮食方面我管得比较严。每周我会带他去超市买健康食品，以免他偷吃垃圾食品。但他看到同学吃也忍不住想吃，我经常在他耳边叮嘱这件事，为此我们都很烦。现在，他也开始对自己做身份确认了，"我这也不能吃，那也不能吃，我身体差，学习差"。
>
> 孩子的学习能力挺强的，但最近学习变得没动力，经常不完成作业，人也没什么自信。我也不知道该怎么办，我做不到不管孩子，可管了又没有效果。请老师指点。

孩子是过敏性体质，家长在饮食上多加注意是应该的，但是这位妈妈犯了一个错误，什么错误？就是对孩子控制太多。教育是疏导而不是控制，你越控制越容易引起孩子的反弹。孩子在小的时候可能会完全听你的，所以你让他只吃健康食品，他能做到，但是等他渐渐长大，看到身边的小伙伴什么零食都可以吃，自己也想尝试一下，这时你的强制反对就容易引发他报复性的反弹。

天天喝酒的人都知道喝酒会伤肝，但为什么还要喝？烟不离手的人都知道抽烟有害健康，为什么还要抽？因为他对酒、烟有精神上的依赖，精神的依赖会大于身体的需要。同理，孩子面对零食，一点不吃是不可能的，在孩子成长的过程中，家长越是紧张，越是控制，孩子对这些不被允许的东西的精神需要就越强烈。所以，家长不能一味控制，应该在适量允许的基础上对孩子做正面引导。

此外，有的家长总爱用权威命令孩子，不允许做这个，不允许做那个，但"不"字在现实生活中是不起任何正向作用的，甚至会有负面作用，会打击听话者的积极性。而"你这也不能吃，那也不能做"，就是家长对孩子做出负面的确认，孩子的内在动力丧失了，进而影响到孩子在学习、生活中的积极性。

请问，你爱孩子以谁的感受为标准？是以你的感受为标准，还是以孩子的感受为标准？应该以孩子的感受为标准，你的爱必须让孩子感受到，那才叫爱。如果你打着爱的名义去控制孩子，他的感受肯定好不了。

建议你尽快调整好自己的心态。关注孩子的健康是对的，但不要矫枉过正。也可以好好和孩子谈一谈，告诉他为什么要注意饮食，并适当放宽约束，允许他在不引发过敏症状的前提下适量吃一些零食。

> **问题 26：为什么孩子越大越不独立了**
>
> 孩子今年上初一，平时放学都宅在家里不出门，在学校也是进到教室以后就不再出教室，下课不出教室活动，大课间也不愿出去做课间操。他小学期间一直独立睡觉，现在反而晚上睡觉时要求爸爸妈妈陪睡，孩子怎么了？怎么做孩子的工作？

你的孩子明显是自我价值不够，所以他恐惧跟更多的人以及跟社会接触。作为父母的你们，有一方一定是个追求完美的人，经常批评孩子，而且你们可能又特别忙，对孩子陪伴太少。

这样的孩子我接触过不少。有个女孩，小学五年级就不上学了，在家待了好几年。我见到她的时候，她不愿意跟任何人有目光接触，一旦身处人多的环境，她就会很恐惧、很暴躁。

我和她的父母沟通，让他们回忆孩子从小到大的经历，她的妈妈想起一件事，孩子6岁的时候穿了一件连衣裙去参加班级活动，妈妈觉得白色连衣裙容易弄脏，也不方便，想让孩子穿裤子，孩子又不愿意，妈妈就说了一句话："你腿太粗了，把裙子脱掉。"

这件事对孩子的影响直到她9岁的时候才呈现出来，从那时起，所有的课外活动她都不愿意参与了，体育课、做操，她也不去，慢慢地发展到每天上学早去半个小时，放学晚走半个小时，为什么？就是不愿意让别人看到她的腿。

到了五年级,她甚至早晨不喝水,因为她不想去上厕所,以免别人看到她的腿。后来她因为不想见人,干脆就不上学、不出门了。

由此可见,一个错误性的、毁灭性的批评会对孩子产生多大影响。所以你应该先问问自己,你和你的爱人对孩子做了些什么,让他变成了这样?

5年前我还遇到过一个男孩,他一直戴着口罩,谁都没有办法让他摘掉口罩。他的家人把饭端到他房间里面,把他房间的门关上后,他才会摘掉口罩吃饭。他妈妈说他在学校也是这样。我和他相处了好几天,得到了他的信任,他才告诉我,因为有一个同学说他的嘴唇太厚了,像猪嘴一样,所以他才戴着口罩,不让别人看他的嘴。我对他做了很多引导工作,告诉他嘴唇厚有什么好处,减轻他对自己的负面认知,费了很多周折才帮他摘掉了口罩。

对于孩子而言,一句负面的确认很容易导致他对自己的不认同,让他的自我价值崩塌,所以,家长们一定要注意自己对孩子的态度和评价。

问题 27：如何才能打开孩子的心门

我是两个孩子的妈妈。女儿 30 岁，早已成家。儿子 14 岁，一年前因为沉迷手机游戏导致厌学，辍学整一年。我一直在坚持学习，孩子爸爸不参加学习，但受我的影响，从性格到生活习惯都有所改变。由于我的不断改变，孩子也有了很大改变，尤其是生活习惯越来越好。目前存在的问题是，虽然我在不断地用方法接纳孩子，给他必要的满足、确认、鼓励、聆听，孩子看似愿意接受，但还是有话不愿意和我说。我想带他进入一些家庭教育的课堂，但他一次次拒绝。

一天，朋友介绍了她的朋友的孩子和我儿子认识，那是一个高中女孩，性格开朗，成绩也很好。她过来陪我儿子玩，两个孩子相处得挺融洽的，我儿子比较喜欢这个小姐姐。我想请这个女孩给儿子补补课，但又有些纠结，不知道怎么和儿子说，也不确定是否能帮助他走出不愿上学的困境。因为我打不开孩子的心门，也真摸不着孩子的心思。我该怎么办呢？

这位妈妈，你的大女儿 30 岁，小儿子 14 岁，小儿子多半是你 40 岁以后生的。中年得子，对孩子的教育方式多为溺爱加替代，导致孩子变成现在这样。

教育方式的好坏通常与家长的岁数大小没有直接关系，而与家长的教育方式是否符合教育规律有关系。为什么你的女儿没有出现这些问题？很有可能是因为你那个时候要忙生活、忙事业，而现在你有了更多的时间和精力，给了儿子过多的关注。同时，你们夫妻的观念不统一，这对孩子也有影响。

你的儿子长期被溺爱加替代，被过度关注，这让他变得没有价值，也缺少朋友。这时有个小姐姐能陪他玩，刚刚能够融入他的世界，你千万别让女孩给他补课，不然他会把这一切视作带着条件地爱他，从而导致内心失落、挫败。

你先改变，你们夫妻之间也要统一认识，让孩子感受到爱，这时你再正面地确认孩子，推动他自发地向好。

记住，在你与孩子的关系达到良好状态之前，不要找任何方法；当家庭还存在对立的情况下，不要找任何外援。要先把家庭建设搞起来，给孩子营造出安全感。当孩子发现父母真的通过学习改变了，他很可能也会产生改变的想法，这时再适当给他外在的推动力，他就会一点一点开始改变。

问题 28：我不知道如何和孩子沟通，该怎么做

　　目前我最大的问题是不会跟孩子沟通，不管是在学习上还是在生活上，我只能给他物质上的东西，其他的我都不懂，不知道如何正确地引导他。孩子对生活的目标不明确，学习动力不足，还会因为不喜欢某个老师而不喜欢这个老师教的科目。对于这些情况，我都不懂得跟孩子沟通。我该怎么做？

　　这位家长首先给了自己错误信念，"我不懂得跟孩子沟通"，这是第一个错误信念；"我只能给他物质上的东西，其他的我都不懂"，这是第二个错误信念。正因为家长的错误信念，孩子才开始挑老师，对很多东西很反感，学习没有动力，这叫前因后果。根源在哪里？就在于家长给孩子的爱是物质的，而不是精神的。

　　爱有三个标准。第一，爱是精神的，不是物质的。不是给了孩子物质就代表着我们爱孩子。第二，爱是不能带条件的，所有带条件的爱都叫阴谋。第三，爱一定是要让对方感受到的。你说"我爱你"，但是对方没感受到，那叫"单相思"。很多家长就是在单相思里一味地给孩子一些物质上的东西，但孩子并没有感觉到家长的爱。

　　家长只满足孩子物质需求，很难真正走进孩子心里。不要以为给孩子他想要的物质生活就是爱，不要认为这样做孩子就能听话，孩子在物质方面得到的太多，心里面爱少了，恨也就多了。

记住，心里多一点善就会少生一点恶，心里多一点爱就会少生一点恨。与物质上的满足相比，孩子更需要精神上的满足。

教育孩子的目的是发现孩子，唤醒孩子，托起孩子。我们在没有发现他，没有唤醒他，没有托起他的时候，就要先学会怎么走进他心里。教育是要用很大的耐心去做的一件事，你现在不会，做得不好，不代表你一辈子都不会，一辈子都做不好。

所以家长一定要记住，这个时候是该你重塑信念的时候了。信念不改，命运不变，你的信念决定着你的人生。所以不要再告诉我你不行，你不能，你做不到，你没有别人好了，你已经在学习的路上了，会一步一步地变好的。

问题29：孩子都初二了，教育他还来得及吗

　　我是重点中学的骨干教师，但是没有教育好我的孩子，他学习习惯不好，也没有什么学习动力。过去我觉得自己挺失败的，也一直很愧疚。通过一段时间的学习，我调整了自己的状态，明白我不应该有愧疚感。现在我给自己做了一个定位，我想成为家庭教育指导师，但是我自己没有培养出一个出色的孩子，别人会信我吗？我想换一种方法教育孩子，可他已经初二了，还来得及吗？

　　此外，我和孩子爸爸的沟通有问题，我们教育孩子的观点不一致。比如孩子想要一部手机，他爸爸同意了，但是我不太想买，因为孩子没有特别的爱好，我担心他会沉迷手机。可我与孩子的关系一般，又怕不给他买会进一步影响母子关系。接下来我应该是先学亲密关系的课程，还是先学亲子关系的课程呢？

　　这位妈妈一连串问了好几个问题，下面我一一回答。

　　你认为自己没有教育好孩子，所以也对自己做好家庭教育指导师不自信，这是大错特错了。可能有不少老师在教育子女时都存在这样的问题，那就是教别人的孩子容易，教自己的孩子难。为什么会这样？因为你太忙了，你把更多的爱、鼓励和欣赏都给了别人家的孩子，回到家对着自己的孩子可能反而就没有耐心了，你因此给了孩子太多的压力，让他丧失了学习的动力。

附录
教育子女问题解答会

越是这样的老师，越要学家庭教育，越要努力成为家庭教育指导师，因为你是过来人，你理解教育子女的重要性，你对亲子间的问题感同身受。所以，你教育孩子好不好，跟你能不能成为好的家庭教育指导师一点关系都没有。

甚至于，成为家庭教育指导师，你可能会获得更多好的方法帮到自己和孩子，同时，你还有可能帮助无数个家庭，传播正确的家庭教育理念。

你说孩子初二还来得及吗？告诉你，教育子女，只要有心，永远都来得及。在初二、初三、高一这三年，孩子的转变速度是最快的。孩子在初二、初三出问题是很正常的，因为这时候他处于性格形成期，需要寻求自我价值、存在感，言行可能有些叛逆。回想一下，我们自己在青春期没有叛逆过？所以，不要把孩子今天出现各种各样的状况看得很严重。尊重规律，把握规律，就能找到教育的良方。你记住，一个人在他成长的过程中，什么时候接受教育永远都不会晚。很多孩子哪怕在大学辍学了，到一些专业机构接受专业指导后，依然可以发生质的变化。一定记住，教育永远都不晚，任何时候都来得及。

你问你跟你老公的教育观点不一致，是先处理夫妻关系还是亲子关系？一定是夫妻关系。记住，父母的关系好了，亲子关系才会好，而亲子关系不好，大多数是因为父母关系不好。再具体看你举的例子，孩子爸爸答应给孩子买一部手机，而你却害怕孩子出现网瘾。其实你不必过于焦虑，要知道疏导远比堵住有效，如果一味压制，孩子被压的时间越长,他的反弹就会越大,当有一天你控制不住他的时候,一旦他有了手机,他反而更容易沉迷。现在给他买,履行爸爸对他的承诺,这本身就有利于亲子关系的缓和。同时,给他规定好使用时间,相信他能够遵守。

家长过度限制孩子使用手机,就像有的家长害怕孩子吃糖长蛀牙,一点糖都不让孩子吃,反而让孩子极度渴求糖果,但凡有机会他就会毫无节制地吃,对健康更不利。如果家长适度让孩子吃糖,他往往因为得到了满足,反而能够控制自己了。这就是所谓的"宜疏不宜堵"。

附录 教育子女问题解答会

问题 30：我没办法引导孩子变好，怎么办

我是两个孩子的妈妈，大的孩子 9 岁，小的 5 岁。大的处于叛逆期，我没有办法引导他正确地面对学习、生活，完全不知道自己能够做些什么。

这位家长，我首先要告诉你，你说错了，你的大孩子才 9 岁，根本就没有到叛逆期。0~7 岁属于孩子的智力发育期，8~12 岁是习惯养成期，13~18 岁是性格形成期。9 岁的孩子处于习惯养成期，正是需要家长引导的阶段。你认为自己没办法引导孩子，在信念上就出现问题了。想要帮助孩子，你首先得自信起来。

在人生智慧六层次中，信念是非常重要的一个层次。如果你对自己教好孩子总是没有信心，那如何让孩子相信你呢？你说的话又怎么能让孩子放在心上呢？这种情况下你用再多的方法都是没有用的。

我建议你先把焦点从孩子身上转移到自己身上，通过学习让自己成长，突破现在的信念桎梏，坚定自己的信心，然后再用学到的方法去引导孩子。

问题 31：夫妻观念不一致时，该如何教育孩子

我和我老公在很多问题上看法都不一样，我对孩子生活习惯和学习习惯的养成比较焦虑。我们夫妻因为工作两地分居，导致家里的大小事都由我一个人操心，而我因为工作每天回家比较晚，对孩子的学习、生活方面帮不了太多，这让我比较焦虑。我应该怎样帮助孩子养成良好的学习习惯和生活习惯？

这位妈妈说了两个问题：第一，你们夫妻的教育观念不统一；第二，因为夫妻两地分居，你一个人承担着教育孩子的责任。这两个问题让你对孩子的教育产生了焦虑，你不知道该怎么让孩子养成好习惯。

首先要明白，影响孩子学业、成长、生命动力的第一因素是情绪干扰。一个家庭中，夫妻关系永远大于亲子关系，夫妻关系不好，亲子关系也很难变得好。你们夫妻关系不好，教育理念不统一，会导致孩子很纠结。等他长大一点，懂得多了，他就会钻你们两个的空子，这是不利于他成长的。

所以你想教育好孩子，就请先处理好你们的夫妻关系。夫妻双方的教育理念不统一，并不表示夫妻两人在面对亲子教育问题时事事看法不一致，你们总有统一的地方吧？比如你们都希望孩子有好的未来，对吧？你们要先找到双方意见统一的地方，不能老盯着不统一的地方。找到了统一的地方，就确认，两人之间能够统一的地方就渐渐多了。

另外，你说对孩子帮不了太多，这就是你的信念有了问题。因为你是焦虑的，不相信孩子，既想通过孩子来缓解焦虑，又认为自己很难让孩子听话。在这种情况下，你还是应该先重塑自己的信念。

希望所有夫妻关系不和谐的人，先把自己的夫妻关系搞好，再想办法去教育子女。孩子的成长离不开家庭教育。家庭教育能培养孩子的自尊心、责任心、进取能力、生活习惯、自我价值，这些对孩子的人格塑造十分重要。如果家庭教育跟不上，单纯地指望孩子学习有动力，有好的成绩，是很难实现的。

问题32：老人溺爱孩子，爸爸也不管，妈妈该怎么做

我的孩子8岁，很调皮捣蛋，跟着同学学讲粗话，不讲卫生，做错了事情不认错还狡辩，还会撒谎。我用较平和的语气和他讲道理，他根本不听，严厉批评也无济于事，感觉他软硬不吃。

孩子是独生子，爷爷奶奶比较惯着，我常因为孩子教育问题跟老人有分歧，孩子爸爸对孩子的身心成长关注很少，这些都让我很焦虑。现在，我一看到孩子的问题就控制不住地唠叨，孩子则变本加厉地唱反调。让他坐端正写作业，他偏要坐得歪歪扭扭。我不想对孩子那么专制，但又担心他的品格出现更大的问题。我对孩子的教育力不从心，缺少智慧和正能量，不知如何才能把孩子引导好，把家庭经营好。

这位妈妈首先要明白，孩子的问题绝大多数源于家长的问题。从你的描述中可以看出，你的家庭有不少问题，老人溺爱、爸爸缺位，这些都会对孩子造成负面影响。建议你认认真真地把《智慧家长这样做1：直击痛苦的40问》里的"家庭教育调查问卷"填写出来，再多读一读《觉醒父母：教育子女的8大智慧》，你基本上就知道家里哪些地方有问题，该怎么解决了。

不管是引导孩子还是经营家庭，都不要在他人身上下太多功夫，你要做的只是改变自己，通过自己的改变带动家人行动。可以多从一些专业讲授夫妻关系、家庭教育的课程里学习经营好夫妻关系、让孩子养成好习惯以及跟孩子沟通的方法，先把自己的功课做好。

只要你从今天开始，为了孩子，为了家庭，开始学习、改变，会有很多人或者专业的老师愿意一直陪伴你、指导你，帮助你让自己变得更好，让家庭变得更幸福。

问题 33：全职妈妈该怎样培养孩子

我家有两个女儿，大女儿 4 岁 7 个月，小女儿 5 个月，我是全职妈妈。我想从小引导孩子塑造远大志向。在实际生活中，我要注意哪些方面？另外，在生活中如何让孩子养成愿意付出，主动帮助家人和他人的习惯呢？

我在课堂上讲过，信念不变，你的格局就不会变，你的生命就不会变。你希望引导孩子有远大的志向，那么请问这位妈妈，你的志向是什么？你的志向就是把两个孩子培养成有志向的人吗？你的人生就是为了完成这个任务，对吗？孟子讲，"夫志，为气之帅也"，家庭教育离不开父母对孩子的言传身教，这里的"教"指父母的一举一动对孩子的影响，"育"指父母用正确的方法长期陪伴孩子。如果你现在把所有的精力都放在两个孩子身上，那么你根本不可能引导她们有大的志向。

你放弃自己的工作、自己的生活、自己的梦想、自己的追求，把所有心思都放到孩子身上，早上一睁眼就为孩子准备早饭，孩子去上学了，你就在家里洗洗涮涮、缝缝补补，等着孩子回来，你再全身心地照顾好她们的生活。她们是被惯养长大的，是被守护长大的，是被过度陪伴长大的，这样的孩子很难独立，也很难有好的习惯。如果想让孩子养成好的习惯，很简单，放手！不过度关注，让她们在跌跌撞撞中自由成长。

你有志向了，有好的习惯了，不代替她们，不过多地管她们了，她们自然而然地会有自己成长的轨迹，而且是好的成长轨迹。如果你过度陪伴她们、呵护她们、凡事代替她们去做，你的情绪跟着她们的一举一动变化，那么她们大概率是没有自我、没有好的志向、没有好的习惯的。

所以建议你，去做自己该做的事情，不要一天到晚在家里守着孩子。你会发现，守着守着你没有自我价值了，所有的价值都用在孩子身上。孩子好了，你还觉得自己的付出是值得的；孩子不好，你会觉得自己的价值荡然无存。此时，你会把你的情绪、你所有的不幸全部投射在孩子身上，孩子往往也因此找不到自己的价值了。

所以，爸爸妈妈们都应该去创造自己美好的人生，不要把过多的时间用于陪伴孩子上，让孩子尽可能自由地成长。

问题 34：父子之间因为管教问题冷战，该怎么调节

　　我们家目前的问题是，爸爸和儿子从暑假到现在都不说话，谁都不理谁。起因是孩子暑假玩手机，没有完成作业，两个人为这事争吵起来，爸爸把儿子的手机给摔了。两个人以前因为管教问题也争吵过，一般过一两天就和好了，没想到这一次时间这么长。我两边开导，都没有用，想请教一下老师该怎么办。

　　影响孩子学业的第一因素是情绪干扰，第二因素是基础知识不牢。孩子一天情绪被干扰，三天都缓不过来；三天情绪被干扰，半个月就过去了；半个月情绪被干扰，这个学期就废了。

　　这个爸爸首先要把自己的面子放下来。敢于率先跟孩子说"对不起"的爸爸，是有责任、有担当的爸爸。不管孩子的表现如何，不管孩子做了什么，不用我们的情绪去干扰孩子，这是家长们一定要记住的。

　　此外，父子关系不好，妈妈也要想一下是不是自己的问题。如果妈妈经常跟爸爸吵架，或者经常抱怨爸爸这个不好、那个不好，孩子可能本能地对爸爸记仇了。这时爸爸对他的管教方式不合适，可能只是导火索，深层原因还是孩子对爸爸有对抗心理，再加上孩子处于青春期，以至于不愿意跟爸爸和解。

如果这种情况长期存在，孩子回到家里就会感觉到特别压抑，在这种压抑的状况下，他就很难专注地去学习，学习成绩自然而然就下降了。

教育的本质是什么？教育的本质就是关系。有一个好的关系，你说什么他都听；关系不好，你讲再多的道理都没有用。有些家长说孩子油盐不进，那就是因为亲子关系出了问题。关系解决不好，你用再好的教育方法也解决不了问题，因为对方对你是排斥的，对方处于关机状态，你说任何东西对他都没有意义。所以先把关系解决好了，教育的问题才会迎刃而解。

问题 35：对孩子管不行，不管也不行，该怎么把握尺度

我对儿子的一切都过度关注，尤其是成绩。后来又因为在使用电脑上网方面对他进行了错误的管控，导致他在初二沉迷于游戏，染上网瘾，厌学旷课。

今年他初三了，我想放松管控，让他自己做主，结果他已有一个多月没上学了。刚开始他总说休息好了就去上学，一定考上好高中，可现在天天在家玩游戏、刷抖音，感觉他不能勇敢地迈出这一步，他痛苦、迷茫，我怎么引导他，给他力量？

有的家长觉得要给孩子自由的空间，于是采用放任式的管理方式，可渐渐就发现放任式管理会产生一些问题，为了解决问题，又走向另一个极端，强制性地管控、控制孩子，而这也不是科学的管理方式。孩子小的时候家长管得住，当孩子大一点，特别是到了初二、初三，个子比家长高了，声音也比家长大了，家长就难以管住他了。到了这个阶段，家长只好妥协，带着条件去爱孩子。至此，孩子占了上风，就会反过来控制家长。

总结一下，这四步是：放任，然后出问题；控制，不科学地管理；管不住，开始带条件地爱，妥协；孩子占上风，反控，家长一点办法都没有。

而提到这个问题的这位家长来到了第几步？到第四步了，这个时候孩子开始干什么了？开始反控了。家长现在管不住孩子，孩子也没有自控能力，网瘾就控制了他。这种情况下，最好通过人生智慧六层次模型帮助孩子重塑自我。但是如果家长还是只想着要控制孩子，不从自己身上着手，基本上越往后走亲子关系就越分裂了。

问题 36：单亲家庭的孩子如何健康成长

我儿子 8 岁，他爸爸两年前因病去世了，自那以后我们几乎和孩子的爷爷奶奶没有联系，一直是我单独带孩子生活。孩子原本是一个活泼爱说、爱表现的孩子，家庭的变故对他的影响不小，现在提起他爸爸，他仍经常会哭泣。他画画喜欢用黑色，遇到不如意的时候会抠伤自己的脸和手，我知道这是我之前不会很好地控制自己的情绪给孩子带来的不良影响。我不知道在这个残缺的家庭中，怎么能让孩子的心理更健康、更阳光一些。

对于这位妈妈的问题，我想谈两点。

第一，爸爸去世了，这对任何一个孩子来说都是一个打击，我特别希望你不要不跟孩子的爷爷奶奶联系，否则孩子的亲人就更少了，这对将来孩子的婚姻、事业都有影响。所以，即便是孩子的爷爷奶奶不好联系，或者对你有什么误解，你都一定要努力，让孩子去认这门亲。

第二，你认为你的家庭是残缺的，但我不这么认为，你可以把孩子当作你们生命的传承，把他当成一个男人来看待。

我遇到过这样一个家庭，也是孩子爸爸去世了，孩子特别痛苦，觉得自己是一个受害者。渐渐地，他老担心妈妈出事，所以要求妈妈

附录
教育子女问题解答会

对他寸步不离,如果不得不离开他,就必须隔一个小时给他打一个电话。他担心自己已经失去了爸爸,还会再失去妈妈。

孩子这样做,一开始是出于爱妈妈的心,但几年后就变味了。孩子想尽办法控制妈妈,压迫得他妈妈想逃离,她觉得自己快承受不了了,却不明白儿子为什么会变成这个样子。每节课下课,他都要给妈妈打个电话,也不允许妈妈在外面交友。孩子越大,他的控制性就越强,直到他妈妈产生了严重的恐惧。

你失去丈夫,是一件很不幸的事情。但我想说,你并不欠你的孩子什么,所以你一定要快乐起来,不能悲观。我多次讲到,我们永远也活不出我们信念以外的人生。你觉得你很可怜,你就是个可怜的人;你觉得你的孩子过早地失去了爸爸,他很可怜,他就真的会很可怜;你觉得你没有办法给孩子安全感,他也就真的没有安全感……这些是由你的信念决定的。所以,我特别建议你提升自己的能量,让自己快乐起来。只有你的能量起来了,你的孩子才会有安全感。

这个世界上的每个人最终都会离开,这是任何人都改变不了的,这不是你的错。现在最紧要的是,你要先把自己活出来,该找对象找对象,最好也能带着孩子去见他的爷爷奶奶。一定要把这些关系建立起来,让你的孩子有价值感。记住,你越勇敢,你的孩子就越有安全感。

在这之后,告诉孩子:你的爸爸走了,但是你要记住,你也是家里的男人,你要对这个家负责,更要成长为家里的骄傲。

你不要动辄把自己当作一个失去了丈夫的人，把孩子当作失去了爸爸的人，你要有勇气，也要给孩子勇气。

如果有一天你要成立新的家庭，也不要因为孩子而有所顾虑。只要你足够勇敢，相信自己能处理好各种关系，那么你有了一个完整的家，也就能给孩子一个完整的家，这其实才是送给孩子最好的礼物，因为这能让孩子不会再有缺失感了。

一定不要让孩子总活在恐惧、担心的情绪中，一旦孩子产生了恐惧和担心，他就容易开始控制你。如果这时你因为内疚而默许孩子的做法，他就会变本加厉，到那时你再试图抽离，就会让他的安全感越来越缺失，以致双方都感受不到快乐。

附录 教育子女问题解答会

问题 37：重组家庭中，如何管教对方的孩子

我和老公是重组家庭。我老公和他前妻的儿子现在 13 岁，刚上初一，特别叛逆，只要钱不上学，对谁都说不上学是他父母离婚影响的。他在小学六年级时就抽烟喝酒谈恋爱，要什么必须买。他爸爸跟他说话从来都不好好说，但是他想干什么，他爸爸也拿他没办法。我不知道可以怎么正确引导这个孩子。

首先，从你的描述里可以看出来，你还认为这个孩子是对方的孩子，并不是你的孩子，因为你总在用"他爸爸"的说法来描述问题。在潜意识里，其实你并没有把他当自己家人，而是当成一个外人。

其次，他爸爸不好好跟他说话，而你又把他当外人，请问这个孩子可怜不可怜？一个离异家庭的男孩，跟一个新妈妈组建了一个新的家庭，爸爸不好好跟自己说话，新妈妈又觉得他是外人，这个孩子要有多么强大的内心才能表现得和没事人一样？

我总觉得很多家长在谈孩子的问题的时候像旁观者。每到这时，我内心都很疼。你知道吗？那是个生命，对于一个六年级的孩子而言，抽烟喝酒谈恋爱是他该过的人生吗？是他应该做的事吗？

我们一定要先解决大人的问题，先让他爸爸能够好好跟他说话。

至于孩子为什么抽烟喝酒谈恋爱？很显然，那是因为他缺爱，缺乏安全感和自我价值，他需别人的关心和理解。你现在是他妈妈，不要去想怎样面对这样的一个孩子，怎么去改变他，你只需要爱他，无条件地爱他，多给他一点关爱、理解和确认。同时，让他爸爸也从愤怒、纠结、受伤害的状态中走出来，变成一个责任者。

孩子有问题，你要站出来，给他温暖和爱。同时，帮助你的老公转变观念。不要说孩子的爸爸不愿意学习，他只不过是观念还没有转变过来而已。虽然他不好好和孩子说话，但是孩子要什么他就给什么，说明他还是爱孩子，对孩子充满爱心的，而你一定要先帮他改变不恰当的教育观念。

附录
教育子女问题解答会

> **问题 38：作为家庭教育指导师，我该如何解决别人的问题**
>
> 我的一个朋友家庭不是很和睦，夫妻之间经常因为琐事争吵，孩子不喜欢上学，不会和人交流，不允许爸妈去他的房间，每天除了玩游戏，就听一些鬼神类的小说，也没什么目标。我学习做家庭教育指导师，想啃下这块硬骨头，希望戴老师给予指导，我应该从哪方面入手来解决这个孩子的问题？

从哪方面入手呢？肯定是先解决夫妻关系，因为夫妻关系决定亲子关系。但是你说你要啃下这块硬骨头，这让我后背有些发凉。作为家庭教育指导师，我们一定记住：人之大患好为人师。人最大的悲哀就是热衷于给别人当老师，人最大的后患就是走到哪里都认为自己是老师。一名优秀的家庭教育指导师应该如履薄冰、战战兢兢，不要想着怎样去啃硬骨头。请记住，你是家长们背后一个温暖的孵化器，是一个助力，而不是救世主。你可以给对方引导，给对方力量，但不要想着如何改变对方。这个世界谁都改变不了谁，没有人能改变一个人，我们只能用自己的言行去影响他。

我们办教育，最忌误人子弟。学了那"三板斧"就想要改造别人，这样的想法是错的。记住，我们只能去影响人，只能给别人指出前行的方向，绝对不能代替任何一对父母去教育好他们的孩子。

> **问题 39：家长学习、帮助别人，和孩子变好有什么关系**
>
> 　　在上一周的复讲中，大家一起讨论：帮人就是帮自己，你做的一切最终都会回馈你自己。我谈到自己和爱人学习、开读书会帮助身边的人，孩子竟然慢慢地变好了，可很多人都不理解：我们学习、帮人，跟孩子变好有什么关系？
>
> 　　于是我跟大家分析了我的理解：第一，父母给孩子做了通过学习精进自身的榜样；第二，父母转移了关注点，孩子感受到了自己不被控制；第三，父母连接了高维系统，用爱心、责任、付出为这个系统服务，使孩子得到了系统的支持力量。我的理解对吗？

　　我觉得这位家长说得特别好，我在讲授"能量智慧"课程时提出过种子原理，即"性决定，时增长"。

　　《中庸》里讲"天命之谓性，率性之谓道，修道之谓教"。什么意思？每个孩子都是一颗种子，是苹果种子，就会长出苹果树，结出苹果；是梨的种子，就会长出梨树，结出梨；葡萄的种子会长出葡萄；石榴的种子会长出石榴……不同的种子会结出不同的果，这就是"天命谓之性"，也是性决定。

　　爸爸妈妈就是孩子的"性"。爸爸妈妈认真去学习，就会带动孩子爱上学习；爸爸妈妈愿意帮人，孩子往往愿意利他；爸爸妈妈爱撒谎，孩子通常也爱撒谎；爸爸妈妈爱吵架，孩子大概率有暴脾气。这就是榜样的影响力，这就叫性决定。

什么叫时增长？成长、变化，都是日积月累的结果，家长的言行会潜移默化地影响孩子。所以家长持续向善的行为，一定会引导孩子向好的方向改变的。

问题40：父母不优秀，孩子肯定不会优秀吗

孩子是在成长的过程中不断认识世界，不断更新认知的，同时会在这一过程中连接各种系统。我认为超越一个人的认知去连接高维系统是不现实的，也是抽象和空洞的。有的家长认知水平高、有建树，可以影响和引领孩子，而认知水平低、无建树的家长无法影响和引领孩子。我的问题是，家长的维度高低、认知水平深浅，一定是孩子的天花板吗？更直白地说，父母不优秀，孩子肯定不会优秀吗？在孩子成长的过程中，父母的影响，也就是家庭教育的作用，对孩子的成长有必然决定性吗？而其间有一些恩师和其他贵人，对孩子的影响是微不足道的吗？像我这样的家长，人到中年，我的天花板早就定型了，我现在学习还有提升空间吗？还能影响、引领孩子提升吗？

请问这位家长，你提出这一连串的问题，想表达什么？你认为你的认知水平不够高，没法对孩子产生正面影响？你认为在孩子成长的过程中，父母的影响、家庭教育的作用，其实不具有决定性，他身边的恩师益友也会对他有很大影响？你认为你现在学习没有用，不能影响孩子？反过来就是一句话：我不提升，我也不愿意提升，我认为我的维度就到这儿了，为什么非要我改变才能把孩子教育好，我不改变难道他就不会有好的发展吗？

附录
教育子女问题解答会

怎么回答你呢？每个人都认为自己是对的，因为每个人都活在自己曾经的经验当中，如果你是60年代、70年代的家长，我觉得你说的是对的，为什么？因为那个时候人们的需求很少，家长认为孩子只要吃饱穿暖，有学上、有工作，就行了。现在是什么样的时代？是快速、多变、充满危机的时代，竞争之残酷是那个时代的人无法想象的，你不想着尽快改变，让自己跟上这个时代，又怎么去带动你的孩子前进呢？

你认为自己认知水平低、能力不高，那么，你至少可以学习怎么给孩子一个爱的环境、被欣赏的环境、充满安全感的环境。

你最可怕的思维观念是认为自己人到中年，没法改变了。其实，只要你有向好的心，什么时候开始努力都不算晚。你只有坚持下去，才能够成为自己想成为的人。为人父母者，要想把孩子培养好，首先你这一生就应有"生命不止，学习就不止，改变就不止"的信念。你如果向孩子传递的信息是，"听天由命吧，我能给的都给你了，不能给的我也不想努力了，没有我的努力，你也能靠自己好好发展"，这就相当于你养一盆花，不施肥也不浇水，却指望它年年都开花，可能吗？

请记住：生命不息，学习不止；生命不息，改变不止。学习是一种使命，你必须通过不断学习来应对世界的变化；学习是一种责任，你要通过改变自己去推动家庭的发展、孩子的改变。如果你认为自己的思维观念不能够改变，那你已经被自己错误的思维观念禁锢了。但社会永远在变化，学习才是这个时代永恒的主题，只有打破思维的禁锢，才能适应社会的变化，才能与孩子共同成长，共创美好的未来。

后 记
Afterword

身修家和,美丽中国

做家庭教育近 20 年,我很清楚为什么家庭教育很难做,因为我们面对的不是商品,而是生命;我们不是在交易物品,而是要对每个家庭的成长负责。我们每天在做的事情,本质上都是在用生命影响生命。

我们解决的是人的问题,有时候在解决的过程中,也会生气,也会疲惫,也会伤心,但是到最后还是想爱每一个人,爱每一个孩子,爱每一对父母,爱每一个家庭,而越是做家庭教育,越是想爱人爱物,爱这世间的一切。

我真的很感谢这个行业,很感谢大家,有了这个行业,有了大家,我们才有了柔软、勇猛的心。也感谢这个不完美的世界,也只有在这个不完美的世界里,我们才能修炼出最棒的自己。

我一直以来都在想,怎么能打造一个家庭教育的生态圈,让每个家庭都能从中学到正确的家庭教育理念。直到我看到了一个故事，它让我兴奋了很久，因为我从中看到了艺博教育的未来，看到了家庭教育的未来。

······································

在印度，患有眼疾却无力负担高昂医药费的失明者比比皆是。一个人生病失明，这个家就有可能因为失去劳动力而垮掉。据统计，印度的眼盲患者中有80%是因为白内障导致失明的，这些患者如果能得到及时救治，是可以被治愈的。

有一位名叫文卡塔斯瓦米的眼科医生看到这一现状，创办了亚拉文眼科关爱中心，希望通过自己的努力，在印度"消除不必要的失明"。

为了实现自己的愿景，他逐渐摸索出这样一些经营模式：

第一，向富人提供有偿医疗服务，用赚来的钱为穷人免费治病。

亚拉文眼科关爱中心的病人当中，有将近2/3的人是无法支付医药费的穷人，他们的医疗费用源于另外1/3有能力支付费用的患者。

第二，"偷师"麦当劳，提高效率。

光"劫富济贫"是不够的，文卡塔斯瓦米医生认为，必须通过提高效率实现低成本、高质量、大批量的救治服务。

他注意到麦当劳快速生产汉堡的场景，心想，能否让眼科手术也实现流程化操作，从而提高效率呢？于是，他专门去美国麦当劳汉堡大学取经，系统地学习麦当劳的流程化管理模式。最终他成功地将流水分工的模式运用到了眼科手术流程上。他在一间手术室里并列摆放几张手术台，手术台上的患者都要做同样的手术。护士做好所有准备工作等待医生手术，医生完成一台手术后，不用更换手术衣和手套，消毒后转身到另一个手术台上实施下一个手术，护士们则对前一个手术台上的患者进行术后的伤口缝合等工作。这大大地提高了手术效率。而且，在实施大批量手术的同时，所有的操作流程均实现了高度标准化，遵循严格的质量标准。

第三，招揽大量义工。

医院会在痊愈的病人及其家属当中招揽义工。他们都曾经做过手术或者受惠于眼科关爱中心，很愿意付出自己的爱心，而且他们已经有了照顾病人的能力，接受适当的培训后很快就能上手，能够做床位护理、消毒、咨询等工作，也明白怎么安慰病人、照顾病人。

这家医院为很多人治疗眼疾，患者不论贫富，都可以在这里得到医治。而被治愈的患者中，有钱的又会贡献钱，没有钱的贡献爱心和力量，从而帮到更多需要帮助的人。

看完这个故事，我突然看到了家庭教育生态圈的未来，明白了如何能让正确的家庭教育惠及更多家庭，以实现"身修家和，美丽中国"的愿景。

现在的艺博教育，课程内容涵盖0~3岁、4~6岁、7~12岁、13~15岁、16~18岁所有年龄段，既有最全的家庭教育知识图谱，也有针对性很强的全家终身学习课程体系，读书会还可以附带着做嘉年华、亲子活动等各种家庭教育主题的活动课程，未来我们还会大力发展社区服务中心。我们现在在全国有上千位亲子导师，有大量经国家专业认证的家庭教育指导师，未来我们会有家庭教育诊断测评师给每个家庭做测评，做定制化服务方案，有家庭教育指导研修师作为专家顾问，陪伴和支持每个家庭的成长，还会有家庭教育认证实修师来研发课程，有针对性地讲课，为家长们进行专家答疑。

同时，我们的公益基金也会做大量普及类工作，我们在全国各地开展"孩子，我该如何爱你"主题家庭教育活动，以此普及家庭教育。家长们不需要交学费，就可以走进我们的课堂。当家长们对家庭教育的重要性有了基本的认知，无论他们是否进入艺博教育继续学习都不要紧，只要他们知道了父母的一言一行对孩子一生的命运有着至关重要的影响，我们普及的目的就达到了。在课程结束之后，接受家庭教育课程的家长可凭自己的爱心、实际情况给基金捐款。

当然，准确地说，这不是在给基金捐款，也不是给自己交学费，而是给下一个家庭提供一次学习的机会，让更多的家长也有机会坐在宽敞的会场，听专业的导师讲课，促使自己的认知和观念发生改变。这就是我们所倡导的——把爱传播出去。

家长们的捐助，实际上是在储存智慧和福德的种子，等待着下一个家庭的缘起，助力下一个家庭的成长。每一个家长的爱心都在助力下一个家庭的过程中得到延续。这就像亚拉文眼科关爱中心，让更多的人先把病治了，被治愈的患者只需要把收获到的爱心、责任再传递出去。

从讲师的角度来讲，这笔钱是上一期学员为下一期学员传递的爱心基金，所以他绝对不会有傲慢心，而是会想着要把家长的爱心转化成智慧继续传播出去。在爱心基金中，每一分钱都是一个家庭对另一个家庭的希望，我们不敢乱花。

在我们的传爱基金中，前面的人支持后面能走进来的人。在这个家庭教育生态圈里，每一个人都不是依赖某个人，而是依赖一群人，一群过来人，一群有爱心的人——有愿力的发起者、有智慧的讲师、有经验的助教。先进来的人在有所改变，获得幸福之后，再回头成为这个家庭教育生态圈的助力者。**每个人都是这个生态圈的受益者，又是这个生态圈的推动者。**

为什么我们大量开办读书会？因为我们学习是需要环境的，我们的成长也是需要环境的。每个人都要多去参加读书会，你要记住一点：不是读书会需要你，而是你需要读书会。

你和你老公吵完架，去了趟读书会，听了大家的分享，回家之后发现气已经消了；你看到孩子又在玩手机，生了一肚子气，去了读书会，心情平复下来……参加读书会，让你避免了鸡飞狗跳的家庭纷争。

你去读书会，是因为学习是一件常态化的事情，是一件持续性的事情，而不是读书会需要你去捧某一个人的场；你需要去读书会分享，去听你的同伴分享，去看同伴的坚持，这样你才能多一份坚持。你看到同伴走过的弯路，自己就不会再走；你看到同伴的信心，你的信心才不会退转。

从来不是环境需要你，而是你需要环境。你需要在读书会这样的环境中贡献自己的力量，巩固践行你的所学，突破你自己，把你自己塑造好了，把你的高维能量带回家，才能影响整个家庭的能量。人场大于一切，关键是你选择的场域是什么，你选择的环境是什么。如果你只是学完了一堂课程，天天待在家里，不出去分享，不出去播种，你会发现自己很快又被原来的环境带回到过去的状态中。

在读书会里，新来的家长都是过去的你，都是那个曾经不懂家庭教育的你，你多给他们讲一讲你的改变、你的感悟、你的收获，他们就能多一点正确的观念，少走一点错误的路。

为什么在艺博教育有那么多人不惜花费休息的时间去做助教？因为在家庭教育这条路上，他们也走错过，知道家庭教育有多重要，走错路的人有多苦，所以他们要去做福将，用自己的生命陪伴另一个生命，在别人最需要帮助的时候做支持者，让更多人走到正确的道路上。

而当他们有了困难的时候,也会得到及时的救助。

艺博教育就像一个大家庭,这个家庭里汇聚了一群有发心、有爱心的人,形成了有爱心、有责任、懂付出的家风。这个家风不是喊口号喊出来的,而是一群人身体力行践行出来的,是一群人十几年影响出来的。这样营建出来的场域会不停地吸引这样的人加入。

不是这个家庭教育生态圈需要你,而是你需要这个家庭教育生态圈,你需要在其中播种,也需要在其中不停地被熏陶,让自己坚持下去。

为什么那么多人反复上我们的课程,一遍一遍参加复训?因为我们学的课程不是知识,是智慧,智慧需要你信愿行证才有结果。你需要听完一堂一堂的课,然后在读书会里、在生活中不断践行,在践行的过程中去体验,在体验中去感悟。如果没有体验,你也只是听见了,不一定理解,即使理解了也不一定能掌握。学了没有用,用了才有用。不断学习,为的是突破你原有的思维信念,因为你永远活不出你信念以外的人生;为的是改变你原有的能量,因为能量不改、场域不变,你会永远陷入问题里,给你再多再好的方法也帮不了你。当你改变信念,尝试用一个高维度看待这个世界时,很多问题就不再是问题。

在未来,我们会让学员结成互助伙伴,在课程上老师的作用只是为你指一条路,一条解决问题的道路,一条没有烦恼的路,一条走向真理的路。尽管路的尽头都是宝藏,但是这一路上充满了艰辛,一会儿孩子不听话了，一会儿伴侣又不配合了……这些都会让你陷入负面情绪，无法前进，甚至心生退心。如果有了业力伙伴，当你想停止的时候，他们会拽你一把。于是，在寻找宝藏的路上，你不孤独，有一群人与你结伴走，相互就是彼此的信心和力量。

做一个有影响力的人，去影响别人，去影响这个世界。让我们彼此影响，彼此给予助力，彼此成为对方的福将；用生命陪伴生命，用生命影响生命，推动这个世界变得更加完美。

艺博教育未来志在打造这样的家庭教育生态圈，每个人都可以在这里获得自己所需要的，都可以在这里成长，都可以在这里找到整个家庭的成长路径。在这里，我们不仅仅是学员，还可以当讲师，当家庭教育指导师，当福将，当活动发起者，当读书会承办方，当分享嘉宾，当传爱基金项目发起人。在这里，我们不仅能解决家庭问题、身体问题、事业问题、金钱问题、思想问题、就业问题，还可以让内心获得平和，让事理获得圆满。这个家庭教育生态圈里有我们每个人的位置，我们每个人也都是这个生态圈的一分子和建立者。有了这样的信念，你的人生会得到升华，因为你把你的行为、环境跟上三层连接了。**上三层是内在，下三层叫外在，内圣才可以外王。**

我希望在这个家庭教育生态圈里，大家都能收获快乐，收获专业，收获健康，收获价值，收获荣耀，最终走向真理。人生的苦难已经很多了，我们都是经历过的人，以后的人生不能再苦了，也不能让身边的人、我们的子孙后代们再苦了。所以，我们要去创造环境，改变环

后记
身修家和，美丽中国

境，我们要做健康环境的建立者和捍卫者。这是我们的身份，也是我们身为中国人要为这个国家做的一件事。我们必须连接这个系统，我们要感谢我们的系统，我们要给孩子留下一个有爱的世界，也要给这个世界留下一批有爱、有能量、有发心、有愿力的孩子。